教会に生きる喜び

牧師と信徒のための教会論入門

朝岡 勝
Asaoka, Masaru

教文館

はじめに

ある暑い夏の日の午後のことです。教会に一本の電話がかかってきました。

「あの、少しお話を聞いてもらえませんか」

「もちろんです。お電話でも構いませんし、よろしかったらお出でになりませんか?」

「教会っていうのが初めてなもので、うかがってもよろしいんでしょうか?」

「はい、ぜひおいでください。お待ちしています」

そんなやりとりの数十分後、緊張した面持ちで教会の玄関先に立つお母さんと、その隣りで少しそわそわした感じの娘さんが来られたのでした。

礼拝堂に招き入れてお話を聞くと、こんな次第でした。

娘さんが二十歳を過ぎた頃から心の病を患うようになった。「どうして?」「自分のせいでは?」と自分を責める気持ちもあり、娘を何とか回復させたい一心で、これまで、母親としてできることは何でもやってきた。いくつもの病院を回り、カウンセリングを受け、新興宗教に入ってもみた。

それでもいっこうに回復の兆しが見えず、自分も疲れ果て、どうしたらよいかと途方に暮れてしまった。そんな時に娘さんがこう言ったのだそうです。「教会に行ってみたい」。

これまで教会など行ったこともないお母さんは、戸惑いながら、それでも娘の願いを実現させたいと、電話帳で調べていくつもの教会に問い合わせ、直接訪ねて行ってみた。ところが折悪しく、電話がつながらなかったり、門が閉じられていたり、留守であったりで誰とも会えずじまい。あきらめかけていたちょうどその時、たまたま駅のホームに掲げてあった私たちの教会の看板が目に入り、恐る恐る電話をくださったのでした。

この出会いをきっかけにして、二人は礼拝に集うようになりました。当初は娘に付き添うつもりで来ていたお母さんも、次第にこれは自分のために必要なことだと思うようになり、やがて信仰告白に導かれ、母娘揃って洗礼を受けて、今も喜んで教会につながっています。

洗礼に向けて準備を重ねていた時、娘さんに聞いたことがあります。「どうして教会に行ってみたいと思ったの？」。すると彼女はこう答えてくれました。「子どもの頃にテレビで観た『大草原の小さな家』が大好きで、いつか教会に行ってみたいと思っていたんです」。

私たちの教会は、彼女が憧れた教会のイメージとは程遠いのですが、それでも彼女が教会への憧れを抱いてくれた、そして心病んでもなお、その憧れを抱き続けていてくれたという事実に、厳粛な思いを抱かせられました。教会という存在の持つ重みをあらためておぼえさせられた出来事です。

はじめに

「教会とは何か」

この一つの問いを、ずっと考え続けてきました。

この小さな書物を手にしてくださったあなたは、すでに教会の中におられる方でしょうか。あるいは幾度か教会という集まりに足を運んだことがあるという方でしょうか。今まさに教会に連なり始めているという方かも知れませんし、もしかすると、教会というものがどういう場所、どういう集まりなのか気になりながら、少し遠目に様子をうかがっているという方かも知れません。

そもそも「教会」とは一体何なのでしょうか。「教会」と聞いて、多くの方がまず思い浮かべるのは、建物としての「教会堂」でしょう。ゴシック建築の高い尖塔とその突端にある十字架、ステンドグラス、パイプオルガン、石造りの荘厳なチャペルなどでしょう。しかしヨーロッパと違って、日本の教会は、建物という点ではなかなかそのイメージと重なることは少ないようです。白亜のチャペルを見つけて近づいてみたら、ホテルの結婚式場だったということもあります。ビルのテナントや地域の公共施設、牧師館と兼ねた一般住宅で礼拝をおこなっている所もあります。屋根の上の十字架と表の看板で、かろうじて教会であることがわかる、ということもあるでしょう。まだまだ社会の中で教会の存在感は小さいものだということを認めざるを得ません。

しかも教会はなかなか入りづらい。中で何をしているのかよくわからない。信者以外が行く場所とは思わなかった。そんな声をよく聞きます。そんな印象を与え続けている現実に対して、真摯に反省しなくてはならないと思います。

それでも、例えば小さい頃に近所の教会学校に通ったことがある。ミッションスクールに行っていてチャペルの礼拝に出たことがある。学校の課題で礼拝に出席したことがある。そういう経験を持つ方は決して少なくありません。何かのきっかけで聖書が手元にあるという方もそれなりの数に上ります。仕事のこと、家庭のこと、人間関係のこと、将来のことなどで悩んだり、不安になったり、誰かに話を聞いてもらいたいと思った時に、「教会なら、話を聞いてもらえるのでは」と、問い合わせてくる方もいます。そう考えてみると、教会の存在は決して人々から遠いものではないはずなのです。

私自身は教会で生まれ育ちました。茨城県の土浦という町で両親が牧師をしておりましたので、生まれた時から教会は目の前にありました。小さい頃はまだ教会堂がなく、普段生活していた牧師館の八畳二間の和室が、日曜日になると座布団を敷き詰めて礼拝堂に様変わりするという環境でしたので、文字どおり教会の中で育ってきたわけです。

このように、私にとって教会は、気づいた時にはすでにそこに存在していたものでした。しかしその後の歩みの中で、あらためて自分が生まれ育ってきた「教会」とはいったい何なのか問うようになっていきました。思春期の頃、神学生時代、そして伝道者として召され、牧師として教会に仕える者となった今に至るまで、教会との関わり方は様々に変化を遂げてきましたが、その中で「教会とは何か」という問いもまた広げられ、深められてきたように思います。

本書では、私自身が経験してきたこと、聖書から教えられてきたこと、教会に生きる中で悩み、問い、考え、教えられてきたことを、できるだけありのままに、具体的に、皆さんにお分かちしたいと願っています。特にそこでは、私自身が生まれ育った教会、仕えてきた教会、そして今、私自身が生かされている徳丸町キリスト教会という具体的な教会の交わりが念頭に置かれています。

本書を手にしてくださったあなたの心に、教会に生きる喜びがもたらされ、さらにその喜びが豊かにされることを期待しつつ、教会について考える歩みをご一緒していただきたいと願っています。

目次

装画＊望月通陽
装丁＊桂川　潤

第一章　教会への問い

1　教会の原風景

「教会とは何か」。この問いを考える時、幼い頃の一つの光景を思い起こします。まだ三歳か四歳の頃だったかと思います。ある晩のこと、畳敷きの和室で姉や兄と一緒に枕を並べて寝ていた私は、何かの拍子にふと目が覚めてしまいました。そのまま再び布団に戻ろうと思ったのですが、ふすまの境目から隣室の明かりがうっすらと漏れていて、何やら話し声が聞こえてくるのに気づき、寝ぼけ眼のままふすまを開けてみました。

するとそこには、こたつを囲んで楽しげに談笑している両親や、いつも礼拝に来るおじさん、おばさん、お兄さん、お姉さんたちの顔がありました。そのうちの誰かが、ふすまから顔を出した幼い私の口に、梨を一切れくわえさせてくれたのです。それが何ともうれしくて、梨を飲み込むと、そのまま再び布団に戻ってぐっすり眠りについたのでした。

後になって知ったことですが、それは当時、牧師館兼教会堂でもあった私たちの住まいで開かれていた、水曜日の晩の祈禱会後の交わりの時間でした。

何のことはない、ただそれだけのことなのですが、そのこたつを囲んだ大人たちの姿が何とも心地良く、平和な空気をかもし出していたことをよくおぼえています。そしてこの小さな思い出が、私にとっての教会の原風景になっているのです。

あれから四十年以上が経って、今、私は牧師として教会に生きる生活を営んでいます。教会について考えたり、学んだり、論じたりする中で、それなりの知識と経験を蓄え、あちらこちらの教会をお訪ねし、こうして教会について文章をしたためるというようなこともしています。しかし、「教会とは何か」という問いを考える時、自分自身の中にある経験の核のようなところに、この原風景があるのです。

昭和四〇年代の田舎の教会で、両親も当時はまだアルバイトをしながら、宣教師から引き継いだ小さな群れに懸命に仕えていた頃です。信徒の方々も二十名足らずで、決して豊かな生活ではなく、皆それぞれ一所懸命に働き、学び、日々の生活を精一杯営みながら、日曜日の礼拝、水曜日の祈禱会を大切にし、喜んで伝道に、奉仕にと励んでいた。そのような営みの中心に、真実な祈りの集いがあり、温かい主にある交わりがあったのです。

かつて日本の教会の多くは、小さくとも、素朴で忠実で熱心な祈りの集いが底力となって支えられていたのではないでしょうか。そして今でも、教会の一番大切な所には、こうした信仰のいのちが脈打っているのではないでしょうか。私たちがこれから「教会とは何か」を問い、考える時に、この一番素朴でリアルな所から出発し、キリストのからだの息遣いや体温が伝わってくるような所から考えを重ねていく、そんな営みを大切にしていきたいと思っています。

2　神のみことばが語られるなら、教会は建つ

幼い頃には二十名足らずだった教会も、私が中学生になる頃には毎週の礼拝に百名近い方々が集まる、地方にあってはそれなりに成長した教会になっていました。日本社会全体の成長ムードや、地域の人口動態の変化など様々な要因があったでしょうが、牧師であった父親のリーダーシップによるところも大きかったのだと思います。もちろん神の導きであったことは言うまでもありません。

私の父は若い頃に結核を患い、死の恐怖と絶望の中で主イエス・キリストに出会った人で、救われた時から、与えられた人生は神さまのためにささげ尽くしたいと願って牧師になった、子どもの目から見ても情熱に溢れた人でした。

結核で入退院を繰り返したせいもあって、中学、高校のいずれも正規に卒業できず、学歴のある人物ではありませんでしたが、信仰の世界における知性の大切さもよくわきまえていて、みことば

に立った堅実な教会形成をひたすら目指していました。そのために毎週の礼拝での説教に打ち込み、何とか一人でも多くの魂をキリストのもとに導きたいと、できることは何でもするというタイプの伝道者であったと思います。その願いと情熱を共有し、一緒になって献身的に教会に仕える信徒の方々があり、教会は目に見えて成長していきました。

やがて新しい教会堂を建てるという計画が与えられ、そのために約千坪の土地を購入し、いよいよ会堂建築に向かって動き出そうかという矢先、父が病に倒れるという出来事が起こりました。最初は私が中学二年の時に直腸癌、そして高校一年の時に膵臓癌になり、しかもこの癌は発見された時はかなり進行していて、いわゆる末期の段階であったと思います。

それから父の入院、闘病の生活が始まりました。教会がこれから新しい会堂建築に取り組もうとしている時に、先頭に立って群れを導いていた牧師が病に倒れる。思春期の入り口にあった私にも、それが教会にとってどれほど大きな影響を及ぼすものであるかはすぐにわかることでした。

それからというもの、父の癒やしと回復のために本当に多くの方々が祈ってくださり、また牧師が入院中で不在の教会のために、近隣の諸教会や、交わりのある教会の牧師の方々、神学校の先生方や神学生の方々が毎週のように応援に駆けつけて来てくださって、日曜日の礼拝の説教壇からは一度も欠けることなくみことばが語られ続けたのです。

父は、約半年の膵臓癌との闘いの末、その年の暮れに天に召されていきました。四十八歳でした。

母と姉、兄、私と妹の五人の家族が残されたのですが、これから自分たちはどうなっていくのかという心配を抱くことはあっても、教会がこの後どのように進んでいくのか、ということについてはあまり心配はありませんでした。もちろん当時の私にわかることは限られていましたが、それでも私の心の中には一つの確かな思いが与えられていました。それは「教会というものは、何があったとしても、とにかく神さまのみことばが語られていれば、なんとか立ち行く」という単純素朴な思いでした。

今にして思えばあまりに単純、あまりに楽観的です。けれどもあの十六歳の自分が信仰の経験、教会の経験の中で受け取った、確かな確信であったことは間違いありません。そしてそれが決して的外れな確信ではなかったことを、父の死から二年後に新しい会堂が完成し、献堂式を迎えたときにあらためて知ることとなりました。

「神のみことばが語られるなら、教会は建つ」。これは今でも私の中にある揺るがない確信です。しかし、それゆえにこそまた、この確信は問いの始まりでもあります。それでは神のみことばが語られるとはどういうことなのか。教会が建つとはどういうことなのか。説教の問題、教会形成の問題、福音宣教の問題、牧師のあり方の問題、教会の果たすべき使命の問題などなど。

3　教会への問いの始まり

「神のみことばが語られるなら、教会は建つ」と言いました。当時はまったく素朴に、そして直感的にそう思ったというほどのことで、実際のところはまだ何もわかっていませんでしたが、後になって教会についての学びを重ねるうちに、この確信が実はプロテスタント教会の基本的な確信であることを知るようになりました。

例えば一五三〇年のアウグスブルク信仰告白は、その第七条において、「唯一の聖なるキリスト教会は、常に存在し、存続すべきである。それは、全信徒の集まりであって、その中で福音が純粋に説教され、サクラメントが福音に従って与えられる」（ルター研究所訳、リトン、二〇一五年）と言い表します。

カルヴァンも一五五九年の『キリスト教綱要』四篇一章九節の中で、「神の言葉が真摯に説教されまた聞かれる所、聖礼典がキリストの制定に従って執行されると見られる所、そこに神の教会があることは何ら疑うべきでないからである」（渡辺信夫訳、新教出版社、二〇〇九年）と述べています。

また、一五六〇年のスコットランド信仰告白の第十八条は、「神の真の教会のしるしは、まず第一に、神の御言葉の真の説教であると、われわれは信じ、告白する。預言者と使徒の文書が明らかにしているように、神はその御言葉によって御自身をわれわれに啓示されたからである」（宮庄哲夫訳『改革派教会信仰告白集Ⅱ』一麦出版社、二〇一一年）と言います。

さらに、一五六一年のベルギー信仰告白第二十九条は、「それによってまことの教会が認識されるしるしは、これである。すなわち、教会が福音を純粋に説教しているかどうか、キリストの訓令に従って正しくサクラメントを執行しているかどうか、生活を正すために教会訓練を守っているかどうかである」（大崎節郎訳『改革派教会信仰告白集Ⅱ』一麦出版社、二〇一一年）と言い表しています。

みことばの説教が「純粋」に、「真摯」に語られ、聖礼典（サクラメント）が「福音に従って」、「正しく」執行されているところに教会がある。宗教改革者たちはこれを「教会の目印」と呼んで重んじました。

しかしそこでも教会への問いは広がります。そして事柄は決して単純ではないということにも気付かされます。みことばが「純粋」に、「真摯」に説き明かされる説教とはいかなるものか。そもそも純粋でない説教、真摯でない説教というものがあるのか。もしあるとすれば、どうしてそのようなことになってしまっているのか。聖礼典が「福音に従って」、「正しく」執行されるとは具体的に何を意味しているのか。正しくない聖礼典の執行とは何なのか。

もちろんみことばの説教が重んじられていない教会はないはずです。聖礼典もこれと同様と言ってよい。しかし現実には、教会でみことばを聴くことができない。みことばが届いてこない。礼拝から信仰のいのちが失われている。聖礼典が形骸化し、また聖礼典の理解を巡る混乱もやまない。牧師も確信を持ってみことばを語ることができない。務めと権威の関係が混乱する。神のみことばによって教会が建つとは言うものの、実態は人の声が支配している。「みことばによって絶えず改革され続ける」と言いながらも、実際にはみことばによって吟味されることのないままに、教会を隠然と支配している人間的な伝統がある。その一方で、牧師の交替によってあっという間に教会のあり方が一変してしまうこともある。

このように、実際に教会に生きていこうとすれば、「神のみことばが語られるなら、教会は建つ」という確信が、決して自明でないことにすぐに気がつくことでしょう。むしろ、そこが教会への問いの出発点になるのです。

4　私はどこで教会を問うのか

教会というものの姿は、遠巻きに眺めていてはなかなか見えてきません。教会に来て、最初の印象を「みんな親切で、良い人ばかり」、「家族的で温かい」と好意的に持つ人も少なくありません。

そのままでいられれば良いのですが、実際はそういうわけにいかない。教会の交わりの中に身を置き、教会を担うようになっていくと、教会の抱えている痛み、その弱さや欠け、歪みも見えてきます。躓きをおぼえます。失望がやってきます。時には怒りすら感じます。教会への信頼が大きければ大きいほど、教会の問題を目の当たりにした時の落胆は大きなものとなります。

だからといって見て見ぬふりはできない。教会を愛するゆえに、その問題と向き合わざるを得なくなる。何とかしなければと声を挙げ、行動に出る。しかしそれもまた簡単なことではありません。教会への問いかけが次第に先鋭化し、批判的、攻撃的になっていくこともあります。やむにやまれぬ思いで挙げた声が、かえって教会を崩す声として受け取られてしまうこともあります。やがて傷つき、疲れ果て、教会に失望する。そしてその交わりから身を引いてしまうということすら起こってしまいます。教会を建て上げるはずが、かえって教会が崩されていく。そのような痛みや傷を経験した人は決して少なくないのではないでしょうか。

私自身も、これまでの信仰の歩みの中で、少なからずこのような経験を通ってきました。教会の現実を前にして悩み苦しんだり、悶々とした日々を過ごしたり、時には教会に躓きをおぼえるようなこともありました。

しかし、そこで繰り返し問われてきたのは、「『教会とは何か』を問う自分は、いったいどこに立っているのか」ということです。いったい私はどこで教会を問うのか。これは教会に生きようとする時、自らが問われる経験です。

教会の綺麗な姿だけを見ていようと思えば、そういう距離感を保てばよい。近づけば見えてくる様々な傷や汚れがあることに気づいていても、それとはなるべく関わりを持たないようにすることも、できなくはありません。あるいは教会に対して、いつも第三者、評論家のように、重荷は負わずともあれこれと論じたり、批評したりする立場に立つこともできなくはないでしょう。そこで私たちが問われるのは、「あなたはどこにいるのか」という根本的な問いかけです。

教会に生きる。それは地上の、この現実の中に立つ教会に生きるリアリティーです。そしてそれを支えているのは、何といっても神のみことばです。マタイによる福音書16章18節で「わたしはこの岩の上にわたしの教会を建てる」と言われた主イエスの約束のゆえに、ここに教会は建っています。そしてその教会は紛れもなく主イエス・キリストの教会であり、この主イエスをかしらとする「キリストのからだ」であり、キリストの尊い血によって贖い取られた「神の教会」なのです。

地上の教会は、時にはその姿が曇ったり、隠れたり、損なわれたりもします。それでも、やがて終わりの時に完成する神の国を目指して、後ろのものを忘れ、前のものに全身を向けつつ、神がキリスト・イエスによって上に召して、お与えになる賞を得るために、目標を目指してひたすらに走っているという、まことに厳かな、そして心躍るような事実をおぼえる時、私たちは地上のこの現実のただ中で、その重荷を背負い、痛みや悲しみをこの身に感じながら、「教会とは何か」を問い続けたいのです。

5　我は教会を信ず

「教会とは信ずべきもの」。そう教えられ続けてきました。それは地上の教会を絶対化したり、教会に対する批判を封じるということではありません。教会の過ちから目をそらし、口をつぐむことでもありません。教会の歴史を振り返ってみれば、そこには様々な失敗、過ち、罪があったことは明らかです。

特に日本の教会にとっては、戦時下の天皇崇拝、神社参拝、アジア侵略戦争への加担の罪、それを近隣諸国にも強制した罪、侵略戦争と偶像礼拝に抵抗して弾圧を受けた教会を見捨てた罪は、否定できない大きな罪責です。私は神学生時代、日本の教会の歴史を学んだ際に、戦時下の日本の教会の妥協と敗北の姿を知って大きなショックを受け、自分たちの教会に対する健全な誇りを持つことができず、戦時下を生きた伝道者たちに対しても懐疑的な感情を抱くようになった時期がありました。一言で言えば、日本の教会に対する幻滅を感じてしまったのです。

にもかかわらず、このような過ちを犯した教会を、それでもなお信じる。信じ続ける。その理由はいったいどこにあるのでしょうか。

私たちは代々の教会と共に、「我は聖なる公同の教会を信ず」（使徒信条）、「我らは唯一にして、聖なる、公同の、使徒的教会を信ず」（ニカイア・コンスタンティノポリス信条）と告白します。これは非常に重い告白です。これらの信条を生み出した古代の教会は、単なる名目として、理想として、抽象的なアイディアとしてこの告白を口にしたわけではありません。彼らは教会を建てるために心血を注ぎ、いのちを削り、苦闘した人々です。彼らは教会を「理想」と「現実」に二元化しませんでした。「建前」と「本音」を使い分けながら、教会を信じるようなことはしませんでした。今、目の前にあり、その中で自分も苦闘しながら建て上げている、この歴史の現実としての教会を見つめながら、それを三位一体の神のみわざの現れと受け止めて、「教会を信ず」と告白してきたのです。

私たちはこの信仰を受け継ぎながら、この地上の教会を、三位一体の神のみわざとして信じるゆえに、「教会を信ず」と告白する。今、ここで、キリストのからだなる教会の中に生き、教会の重荷を背負い、キリストの苦しみの欠けたところをこの身をもって満たしていると信じるゆえの告白です。様々な問題に直面し、自らの罪深さを嘆き、時にはふがいなさに涙するようなことがあっても、それでもなお「教会を信ず」と告白することができる。これはまことに幸いなことでしょう。

教会は信ずべきもの。このことを繰り返し確認したいと思います。あきらめるのは簡単。見限るのも簡単。批判するのも簡単。見捨てるのも簡単。極論を言えば、「もう来週から、教会に行くのはやめよう」と思えば、いつでも、何のペナルティーもなく、姿を消すことだってできる。

しかし私たちは、教会をあきらめることをしないし、教会を見限ることもしない。教会を批判し、見捨てることもしない。なぜなら、教会は、父なる神が自由なる愛をもって召し集められたかけがえのない存在であり、み子イエス・キリストがご自身の血をもって買い取ってくださった存在であり、聖霊の神が今もその中に住み込んで、生きて働いていておられる聖なる存在だからです。

第二章　教会のイメージ──その多様さ、豊かさ、ユニークさ

1　聖書の語り口の豊かさ

「教会とは何か」。この一つの問いを追い求めながら歩むこと、それは「教会を信ず」と告白しながら生きることと矛盾するものではありません。この問いを追い求めながら教会に生きることが、教会を建て上げていく、生きた営みそのものであるように思います。「教会とは何か」。それは決して抽象的な問い、観念的な問いでなく、私たちの信仰のリアリティーに関わる、きわめて重要な問いです。

私たちはこの問いをどこから始めるのでしょうか。教会を問う道筋はいくつもあるでしょう。すでに多くの先人がその道を切り拓いてくれていますし、教会について論じた数多くの有益な手引きもあります。それらに教えられながら、聖書に記された神のみことばから始めていきたいと思います。

聖書は、教会を語る豊かな語り口を持っています。新約聖書を読んでみると、そこには教会についての多様で、豊かで、ユニークなイメージが数多く登場します。神の民、羊の群れ、神の建物、成長する神殿、キリストの花嫁、キリストのからだなど。そこにあるのは、画一的で硬直化した組織とは対照的な、多様でしなやかな、生きて成長する交わりの姿です。それは一つの定義によって規定されるようなものでなく、いくつものイメージの重なり合いの中でますます豊かに膨らんでいく自由さを持っています。

こうして聖書の語る教会についてのイメージを一つ一つ味わっていくと、さらに気づかされることがあります。聖書が教会について豊かな語り口を持っているということは、教会それ自身がそれだけ豊かな存在であるということです。取り立てて強調するまでもないことかも知れません。毎週の主日礼拝に集まる光景を見れば一目瞭然の事実でしょう。日曜日の朝、礼拝に集まって来る一人一人を見つめる時、その個性豊かで多様な一人一人、固有でかけがえなく、ユニークで愛すべき一人一人がここに集められているという事実に圧倒されるような思いになります。

教会が多様性を持つ存在であることは、三位一体の神の存在の在り様と結びついた、教会にとって本質的なことでしょう。三でありつつ一、一でありつつ三というユニークさの地上における現れが教会の姿なのです。

2　聖書が語る教会のイメージ

ここで、実際に聖書が語る教会のイメージが、どのように豊かな内容を持っているのかを確かめておきましょう。

最初に取り上げるのは「神の民」です。エフェソの信徒への手紙2章19節に次のように記されています。「従って、あなたがたはもはや、外国人でも寄留者でもなく、聖なる民に属する者、神の家族であ」る。

新約聖書が教会を「神の民」という時、その前提として旧約聖書における「神の民」のイメージがありました。アブラハムは主なる神によって召され、神との間に結ばれた契約によって、その子孫にまで及ぶ祝福が約束され、彼らにはすべての民の祝福の基となるとの約束が与えられました。この約束を受け継いだイスラエルの民は、出エジプトにおける苦難からの解放を経験し、荒野を旅する中で神の民として形成されていきます。

この旧約における神の召しと契約が、やがて時が満ちて、神のみ子、主イエス・キリストの来臨と十字架の贖いと復活を通して、単なる地上の民族としてのイスラエルという枠組みを大きく越えて更新され、今や主イエス・キリストを信じて救いの恵みによって救われた者は誰でもどこからでも神の民に加えられる恵みの時代が到来しています。

またペトロの手紙一2章9節、10節にはこうあります。「あなたがたは、選ばれた民、王の系統を引く祭司、聖なる国民、神のものとなった民です。それは、あなたがたを暗闇の中から驚くべき光の中へと招き入れてくださった方の力ある業を、あなたがたが広く伝えるためなのです。あなたがたは、『かつては神の民ではなかったが、今は神の民であり、憐れみを受けなかったが、今は憐れみを受けている』のです」。

こうして神の民とされた教会は、み子イエス・キリストの尊い血潮をもって贖い取られた神の教会であり、教会のかしらなる主イエス・キリストのみ手の中にしっかりと握り締められた「神のものとなった民」です。その理由をペトロは「それは、あなたがたを暗闇の中から驚くべき光の中へと招き入れてくださった方の力ある業を、あなたがたが広く伝えるためなのです。あなたがたは、『かつては神の民ではなかったが、今は神の民であり、憐れみを受けなかったが、今は憐れみを受けている』のです」と説明しています。私たちが神の民とされたのは、私たちの側にそのような立場となるに価する何かしらの功績があったからということではありません。むしろ神の民となるにまったく相応しくない私たち、神に背を向け、離れ去っていた私たちを光の中に招き入れ、ご自身の民としてくださる恵み深い神の愛とそのすばらしいみわざによって救われた私たちが、この神の「力ある業」を広く宣べ伝えるためであるというのです。

次に取り上げるのは、エフェソの信徒への手紙2章の終わりにある「神の建物」、「成長する聖なる神殿」としての教会の姿です。まず2章20節では次のように言われます。「使徒や預言者という土台の上に建てられています。そのかなめ石はキリスト・イエス御自身であ」る。使徒パウロはここで教会を建物に例えていますが、そこでまず目を向けるのが建物の土台部分です。どのような建物でも土台部分が重要であることは言うまでもありません。しっかりとした堅固な建物を建てるには、何よりもきちんとした土台を据えることが大切です。

また「そのかなめ石はキリスト・イエス御自身」との表現にも注目したいと思います。かなめ石がキリストだと言われるのは、建物全体を支え、崩れることなくしっかりとした調和と結合を遂げることができるのはキリスト・イエスによるとの確信ゆえでしょう。

さらに21節、22節では次のように言われます。「キリストにおいて、この建物全体は組み合わされて成長し、主における聖なる神殿となります。キリストにおいて、あなたがたも共に建てられ、霊の働きによって神の住まいとなるのです」。使徒と預言者という土台の上に建てられ、キリストご自身をそのかなめ石とする教会は、「建物全体は組み合わされて成長」すると言われます。建物が成長するとは不思議な表現ですが、まさに教会全体が生きて成長するいのちに満ち溢れた集まりであること、しかもその集まりは今なお組み立て中、成長中、現在進行形だという事実を表しているでしょう。

パウロは、建物全体の成長のために「キリストにおいて、あなたがたも共に建てられ」ることの必要を語ります。私たちも一人一人がキリストにおいて共に建てられ、共に成長する。神の栄光を現すという目標に向かって一人一人がみことばによって養われ、導かれていくところに主の宮はしっかりと建て上げられていくのです。

また聖書は、教会を「キリストの花嫁」とも表現します。このイメージを考えるにあたって、まず読んでおきたいのが、旧約聖書のホセア書2章21節、22節です。「わたしは、あなたととこしえの契りを結ぶ。わたしは、あなたと契りを結び／正義と公平を与え、慈しみ憐れむ。わたしはあなたとまことの契りを結ぶ。あなたは主を知るようになる。その日が来れば、わたしはこたえると／主は言われる。わたしは天にこたえ／天は地にこたえる」。

ホセア書と言えば、主なる神が預言者ホセアに姦淫の女を妻として迎えるように命じ、その後、妻が何度も夫ホセアを裏切って他の男の所に走っても、彼女を赦し、受け入れるようにとお命じになるという、ある意味で壮絶な愛の物語です。主なる神はこのホセアと姦淫の妻ゴメルとの関係を通して、ご自身とイスラエルの民の姿を浮き彫りにされているのでした。

主の愛を忘れて異教の偶像礼拝に走るイスラエルの民の姿と、それでもその民を愛してやまない主なる神の姿、この主なる神とイスラエルの姿を、ホセア書はまさに夫と妻の関係として描き、そこに主なる神のご自身の民に対する誠実の愛を記す。このホセア書の主題を鮮やかに示すのが先ほどのみことばです。ここで主なる神がご自身の民に対して繰り返し語られる「契り」ということば、これこそが、夫婦の間の結婚の誓約を意味するものでした。神がご自身の民に対して結ばれる契り、それは永遠の契り、正義と公正、恵みと憐れみの契り、真実なる契りだというのです。

このような旧約における神とイスラエルとの関係を新しくされたのが、主イエス・キリストの到来によってもたらされた主イエスと新しい神の民なる教会との関係です。エフェソの信徒への手紙5章25節から27節に次のように記されます。「夫たちよ、キリストが教会を愛し、教会のために御自分をお与えになったように、妻を愛しなさい。キリストがそうなさったのは、言葉を伴う水の洗いによって、教会を清めて聖なるものとし、しみやしわやそのたぐいのものは何一つない、聖なる、汚れのない、栄光に輝く教会を御自分の前に立たせるためでした」。

ここでパウロは、直接的には結婚における夫と妻の関わりを教えながら、いつしかその筆は主イエス・キリストの教会に対する愛を語っていきます。そしてついには31節、32節で、「『それゆえ、人は父と母を離れてその妻と結ばれ、二人は一体となる』。この神秘は偉大です。わたしは、キリストと教会について述べているのです」と結論づけるのです。夫は妻をいのちがけの愛で愛し抜き、妻も自分の全存在をかけて夫を尊ぶ。そのような夫婦の愛の関係の原型として指し示されているのが、花婿なるイエス・キリストと、花嫁なる教会の姿です。

キリストはご自身の教会に対して、いのちを捨てるほどの愛を、終わりまで、極みまで示してくださいました。教会はこのキリストの愛によって愛され、召され、終わりまで共に歩み抜き、ついには「しみやしわやそのたぐいのものは何一つない、聖なる、汚れのない、栄光に輝く教会」とされていく。キリストと教会との関係は、これほどに緊密な愛の交わりなのです。

3　わたしの名によって集まるところ

このように、聖書には、教会についての実に多様で豊かでユニークなイメージがあるのですが、私が最初に思い浮かべるのは、主イエス・キリストがマタイによる福音書18章19節、20節でお語りになった次のみことばです。「はっきり言っておくが、どんな願い事であれ、あなたがたのうち二人が地上で心を一つにして求めるなら、わたしの天の父はそれをかなえてくださる。二人または三人がわたしの名によって集まるところには、わたしもその中にいるのである」。

二人でも三人でも、主のみ名によって集まるなら、主イエス・キリストもまたそこに共にいてくださる。ここに教会の原点がある。教会のあらゆる集いは、このみことばによって支えられている。礼拝はもちろんのこと、祈禱会も、教会学校も、家庭集会も、役員会も、教会総会も、一緒に食卓を囲む交わりも、お茶を飲みながらの語り合いも、主にある兄弟姉妹たちが共に集まり、語り合い、祈り合うその交わりのただ中に主イエス・キリストは臨在される。このようにみことばから教えられる度に、大きな慰めと励ましを受け取ってきました。

伝道者になって三年目、小さな伝道所での奉仕がスタートしました。駅前にあるラーメン屋さんの店舗を買い取った教会は、当初はカウンターがあり、赤いビニールカーペットが敷き詰められ、かろうじて屋根に十字架と表に看板があるものの、一見すると「ラーメン屋さん」そのもの。そこにパイプ椅子を二十脚ほど並べて、毎週の礼拝をささげ続けていました。時折、「チリンチリン」とドアが開き、恐る恐る顔をのぞかせた新来者に、「あの、ここは教会でしょうか……」と確認されてしまうようなこともありました。

そんな小さな群れであっても、みんなで熱心に祈り、一所懸命伝道しました。目に見えた実りを見ることはありませんでしたが、それでも卑屈になったり、あきらめたりすることはありませんでした。このみことばがいつも支えになっていたのでした。

東京の教会に赴任してしばらくしてから、妻と二人で毎週水曜日の夜の祈禱会を続ける時期がありました。朝にはそれなりに集う方々がいたのですが、夜の時間は、その当時はなかなか集まることのできる人がおらず、それでも大切な教会の祈りの集いだからということで守り続けていたのです。毎回説教の準備をし、集会室を整え、人々を迎える準備をし、今日は誰が来るだろうかと期待して待ちながら、時間になって妻と二人、讃美歌を歌い、妻に向かって説教を語り、妻と二人で教会の祈りを祈る。悲壮感や義務感で続けていたわけではありません。夫婦で祈る祝福は大いにありましたが、ともかく、これでやめたら何か大切なものも失われてしまうのではないかと思ったのです。

そんな二人の祈禱会の時、繰り返し読んだのが、このマタイによる福音書18章の主イエスのみことばでした。「二人または三人がわたしの名によって集まるところには、わたしもその中にいるのである」。このみことばのリアリティーをこれほどに感じたことはありませんでしたし、このみことばに何度励まされたかわかりません。

このような経験は、決して特別のものではないでしょう。むしろ日本の多くの教会は、このみことばの持つ慰めの力をよく知っているのではないでしょうか。実際に、今この時も、文字どおり「二人、三人」で集まっている教会があります。決して伝道に不熱心であったわけではありません。小さい群れのままで良いと思っていたわけでもない。しかし現実として、そこにあるのはまことに小さな集いです。一所懸命伝道しても、目に見えた実りがすぐにもたらされることなく、せっかく育った若者を送り出し続け、過疎化と高齢化の中にある。

それでも悲壮感を漂わすでもなく、自分たちにできる伝道に励み、礼拝をささげ続ける群れがある。心から主イエスの臨在を信じている集いがある。そのような集いを成り立たせているもの、それが「わたしもその中にいるのである」との主イエスの確かな約束です。この約束を握りしめながら、主イエスのみ名によって集められた交わりの中にあることを喜び、感謝し、その交わりが主のみ名にふさわしいものであるように保ち、建て上げていきたいと願うのです。

4　キリストのからだ――一つであること

聖書の語る教会のイメージ中でも最も重要なものが、コリントの信徒への手紙一12章に描かれた「キリストのからだ」としての教会の姿でしょう。使徒パウロはこの他にも、ローマの信徒への手紙やエフェソの信徒への手紙などで同じく「からだ」のイメージを用いて教会の姿を描き出していますが、それらのみことばを読んでいきますと、パウロが教会を「キリストのからだ」に例えた意図というものが浮かび上がってくるようです。すなわち教会が「一つ」であるということと、教会が「多様」であるということ、そしてそれらをもって教会が「生きている」というリアリティーです。

パウロは教会が一つであることの基礎付けを三位一体の神に見ます。4節から6節ではこう言われています。「賜物にはいろいろありますが、それをお与えになるのは同じ霊です。務めにはいろいろありますが、それをお与えになるのは同じ主です。働きにはいろいろありますが、すべての場合にすべてのことをなさるのは同じ神です」。確かに教会には多様な賜物、奉仕、働きがあるのですが、それを各々に分け与えるお方は同じ霊、同じ主、同じ神である。それで、三位一体の神に基礎づけられた教会も、その存在と働きにおいて一つなのだというのです。

これと同じことを、パウロはエフェソの信徒への手紙4章4節から6節においても、力強く語っています。「体は一つ、霊は一つです。それは、あなたがたが、一つの希望にあずかるようにと招かれているのと同じです。主は一人、信仰は一つ、洗礼は一つ、すべてのものの父である神は唯一であって、すべてのものの上にあり、すべてのものを通して働き、すべてのものの内におられます」。

教会が一つであることは、私たちが互いに歩み寄り、理解し合って造り上げていく「下から上へ」の方向性というよりも、聖霊の賜物として与えられている「上から下へ」の方向性であることがわかります。聖霊は教会に多種多様な賜物を与えていてくださいますが、そもそも教会が一つであることが聖霊の賜物なのです。コリントの信徒への手紙一12章13節で「一つの霊によって、わたしたちは、ユダヤ人であろうとギリシア人であろうと、奴隷であろうと自由な身分の者であろうと、皆一つの体となるために洗礼を受け、皆一つの霊をのませてもらったのです」と言われるとおりです。

聖霊の賜物としての一致を与えられた教会は、一人一人がかしらなるキリストと一つに結ばれるのみならず、このキリストにあって互いも一つに結び合わされていきます。こうして私たちを一つに結び合わせるものを、聖書は「愛」だというのです。エフェソの信徒への手紙4章16節が「キリストにより、体全体は、あらゆる節々が補い合うことによってしっかり組み合わされ、結び合わされて、おのおのの部分は分に応じて働いて体を成長させ、自ら愛によって造り上げられてゆくのです」と語り、コロサイの信徒への手紙3章14節が「これらすべてに加えて、愛を身に着けなさい。愛は、すべてを完成させるきずなです」と語るとおりです。

5　キリストのからだ――多様であること

教会の多様性の基礎も、やはり三位一体の神の存在の在り様にあります。古くから教会は、三位一体の「三」であることを、私たちの救いを成し遂げるために御父が計画し、み子が実行し、聖霊が適用するという、各位格の働きとの関わりで理解してきました。この三位一体の神に基礎づけられた教会も、その存在においても働きにおいても多様さが与えられています。コリントの信徒への手紙一12章7節から12節がこういうとおりです。「一人一人に〝霊〟の働きが現れるのは、全体の益となるためです。ある人には〝霊〟によって知恵の言葉、ある人には同じ〝霊〟によって知識の言葉が与えられ、ある人にはその同じ〝霊〟によって信仰、ある人にはこの唯一の〝霊〟によって病気をいやす力、ある人には奇跡を行う力、ある人には預言する力、ある人には霊を見分ける力、ある人には種々の異言を語る力、ある人には異言を解釈する力が与えられています。これらすべてのことは、同じ唯一の〝霊〟の働きであって、〝霊〟は望むままに、それを一人一人に分け与えてくださるのです。体は一つでも、多くの部分から成り、体のすべての部分の数は多くても、体は一つであるように、キリストの場合も同様である」。

教会の持つ多様さ。これこそ聖書が教会を「からだ」のイメージで語る際の真骨頂です。特にパウロは、教会の多様さを一人一人に与えられた賜物の豊かさにおいて見つめています。私たちはこの教会に与えられている賜物の多様さを尊び、喜ぶ者でありたい。そしてこの賜物の多様さが、一人一人の存在の尊さと共に立つことを確認したいのです。

パウロが教会をからだとの類比で語ろうとした、その一番の理由が、続く14節から27節に最もはっきりと示されているように思います。「体は、一つの部分ではなく、多くの部分から成っています。足が、『わたしは手ではないから、体の一部ではない』と言ったところで、体の一部でなくなるでしょうか。耳が、『わたしは目ではないから、体の一部ではない』と言ったところで、体の一部でなくなるでしょうか。もし体全体が目だったら、どこで聞きますか。もし全体が耳だったら、どこでにおいをかぎますか。そこで神は、御自分の望みのままに、体に一つ一つの部分を置かれたのです。すべてが一つの部分になってしまったら、どこに体というものがあるでしょう。だから、多くの部分があっても、一つの体なのです。目が手に向かって『お前は要らない』とは言えず、また、頭が足に向かって『お前たちは要らない』とも言えません。それどころか、体の中でほかよりも弱く見える部分が、かえって必要なのです。わたしたちは、体の中でほかよりも恰好が悪いと思われる部分を覆って、もっと恰好よくしようとし、見苦しい部分をもっと見栄えよくしようとします。見栄えのよい部分には、そうする必要はありません。神は、見劣りのする部分をいっそう引き立たせて、体を組み立てられました。それで、体に分裂が起こらず、各部分が互いに配慮し合っています。一つの部分が苦しめば、すべての部分が共に苦しみ、一つの部分が尊ばれれば、すべての部分が共に喜ぶのです。あなたがたはキリストの体であり、また、一人一人はその部分です」。

かしらなるキリストに結ばれた教会は、そこに与えられている豊かな賜物の多様さを喜び、一人一人の存在を尊びながら、共に成長していくキリストのからだです。そこでは誰もが尊ばれなければならない。誰もが不要とされてはならない。誰もが排除されてはならない。そして誰もが何かの手段とされてはならないのです。人格が非人格的なものに奉仕するという誤った考えが入り込んでくる時、教会は大きくその存在の根底を揺さぶられることになるでしょう。国家も社会も、学校も家庭も、何か非人格的なもののために人格が手段とされてはならない。この原則をしっかりと心に刻みたいと思います。非人格的な組織の維持や発展のために、一人一人の人格が利用され、消費されてはならないのです。

父なる神によって召され、かしらなるキリストにつながれ、聖霊による愛の絆によって結ばれたいのちの交わり。それがキリストのからだの姿です。そうであればこそ私たちが目指すのは、教会の中に賜物が豊かに溢れれば溢れるほど、それぞれの存在が尊ばれていくようなキリストのからだ。ほんの小さな痛みでも、からだ全体がその痛みを共有するような血の通ったキリストのからだ。一人の人をキリストのもとにお連れするためには、みんなで床を担いで、屋根にまで上ることをいとわないキリストのからだ。すべての器官が愛に動かされ、全身に汗してひたむきに励むキリストのからだ。たった一人孤立してある器官ではなく、からだ全体につながることによっていのちが躍動する、そのようなキリストのからだ。それが教会の姿です。

第三章　教会のいのち――礼拝

1　いつもの通い慣れた道を

　日曜日の朝、玄関先で教会に集まってくる方々をお迎えするのは、牧師にとって大きな喜びの時間です。子犬のようにじゃれ合いながら教会学校にやってくる近所の子どもたち、自転車をこいで坂道を上って来るファミリー、ゆっくりゆっくり時間をかけ、一歩一歩を踏みしめるようにしてお出でになる高齢の方々、寝ぼけ眼をこすりながらの中高生、教会のために、車にたくさんの荷物を積んで遠路やってくるご夫妻。そんな一人一人に「おはようございます」とお声をかけながら、主の日の度に大きな喜びと感動を噛みしめています。

　この時代、教会が向かい合う大きな課題の一つは「忙しさ」にあるのでないでしょうか。月曜日から週末まで出張、残業に追われ、土日にも仕事が入り込んでくる。子育て、親の介護、アルバイト、就職活動、受験勉強、塾や習い事などなど。大人も子どもも、日々時間に追われ、まさに

「心」を「亡」くしていくような日々の中にある。土曜日の深夜に帰宅して、疲労困憊して眠りにつく方々がある。朝にいつものように礼拝に出席し、午後からすぐに職場に向かう方々がある。忙しさの現実を前にして、「主の日とは」、「安息とは」ということを考えないではおれません。

そんな日曜日の朝、一人一人がいつものように教会にやってきて礼拝の場に集う姿を見ることは、決して当たり前の光景ではない、驚くべき恵みの事実です。神を礼拝することは、そのための様々なやりくりをし、犠牲を払い、何事かをあきらめ、何事かを後回しにし、その分の負荷を自分が引き受けることを決断した結果です。

礼拝が始まり、説教壇に立つ。そこにいる一人一人の姿を見つめながら、今、ここにいるために、この人はどんな犠牲を払ったのだろうか、どんな戦いをくぐり抜けたのだろうか、そんなことを思い巡らすだけでも心の内に熱いものを感じます。しかし誰も、そんなことはおくびにも出さず、実に淡々と、黙々と、当たり前のような顔をして神の前に出ている。そうやって礼拝の営みを続けているのです。互いに神のみ前に肩を並べ、一緒に賛美を歌い、祈りをささげ、みことばに聴き、主の食卓に連なりながら、自分の犠牲、自分の戦い、自分の労苦を互いに語り合うわけではないけれども、それでもきっとわかり合っているのです。自分の隣りにいるこの人も、きっと一週間、忙しく働いてきたに違いない。今日の礼拝に来るために、いろいろとやりくりを付けて来たに違いない。体は疲れているに違いない。様々な犠牲を払って来たに違いない。家族に頭を下げながら来たに違いない。自分もそうやってこの場にいるので、黙っていてもわかるのです。そういうお互いが神のみ前に出て、みことばを分かち合い、パンとぶどう酒を分かち合う。そこに礼拝の祝福はあるのでしょう。

神学生時代の貴重な思い出があります。当時通っていた教会で、よく耳にする祈りのことばがありました。祈る方は毎週異なるのですが、かなりの頻度で耳にすることばでした。「今朝もいつもの通い慣れた道を通り、教会に集い、愛する兄弟姉妹たちといつもの席を暖めています……」。この祈りに心を合わせるたびに、この礼拝の場にいることの「当たり前」であることと「当たり前でない」ことの両面を教えられたように思います。主の日になれば「当たり前」のように、「いつもの通い慣れた道を通り、教会に集う」一人一人。しかしその「いつもの通い慣れた道」を歩んでくることの背後にある、「当たり前でない」様々な事柄に思い至るようになったのは、牧師として教会に遣わされてからのことでした。今でもこの祈りを思い起こすたびに、心の内に熱いものが込み上げてくるのです。

2　主イエス・キリストに会いに行く

よく未信の家族を持つ教会の方に言われることがあります。「土曜日まで一週間仕事をして、どうして日曜日まで朝から教会に行くのか。せっかくの休みなのだから体を休めてはどうか、と言われるんです」。もっともなことだと思います。体を壊しては元も子もない。健康を案じるご家族の思いは当然のことです。礼拝が真の意味でその人の心と体の疲れを癒やし、深い憩いを与え、真の安息を体験し、新しいいのちの養いを与えるものでなければ、教会に来てひたすら奉仕に明け暮れて、ぐったりと疲れ果てて家路に着くようなものであってはならないでしょう。牧師として、教会が忙しくなりすぎていないだろうかと反省させられます。教会の在り方も絶えず見直され、刷新されていく必要があるでしょう。

礼拝とはいったい何だろうか。なぜ礼拝に行くのだろうか。この問いを繰り返し問うことが必要ではないでしょうか。

息子が小学三年生の頃のことです。地元のサッカークラブに入りたいと言ってきました。クリスチャンの家庭であれば、子どもの習い事や部活動と日曜日の礼拝の折り合いをどうするかは大きなテーマですが、私たちもついにこのテーマと向き合う時が来たか、と思いました。教会によって、家庭によって、考え方は様々でしょうが、日曜日の朝は教会を優先する、それ以外の時は最大限協力する、こんな原則を互いに確認し合って、息子のサッカーが始まりました。

やがて上級生になると、土日の合宿、遠征、対外試合、地区の大会と次々にスケジュールが入ってきます。その都度、話し合い、祈り合って、妻は車を飛ばして土曜日の試合会場を往復したり、礼拝後に大会に向かう息子を送り出したりしていました。それでも大事な試合や合宿を欠席することが多いので、本人もつらい思いをしたと思います。チームメートの親御さんたちからは「試合に出してあげればいいのにどうして?」「親の宗教に付き合わされてかわいそうだ」と言われたことも度々でした。

六年生のある時、どうしても日曜日にかかる試合に出たいと、息子が泣きながら訴えてきたことがありました。二人で部屋で向き合って、話し合うことになりました。「僕はつらいんだ」と泣く息子に向かって、「よその子は日曜日も試合に出ているのに、どうして自分だけ出られないのか、どうして僕は日曜日に礼拝に出なくてはいけないのか、そう思ってつらいの?」と尋ねました。すると息子は「そうじゃない」と。「ではどうして?」と聞くと、「僕は試合に出たい。でも礼拝にも出たいんだ。どっちも出たいのに、どっちかを選ばなくちゃいけない。それがつらいんだ」と。それからしばらく語り合い、祈り合い、明日の朝まで自分でお祈りして、自分で決めておいで、と伝えて部屋に戻りました。翌朝、彼は「僕は礼拝に出る」と言ってきました。彼が主イエスのみ前に一人の礼拝者として歩み出した瞬間でした。

礼拝。それは主イエス・キリストに会いに行くことです。私たちを招いてくださる主イエスに会いに行く。私たちを愛してくださる主イエスに会いに行く。私たちのためにいのちを捨ててくださった方に会いに行く。私たちのためによみがえってくださった方に会いに行く。私たちのもとにやがて再び来てくださる方に会いに行く。それは私たちにとって義務でしょうか。重荷でしょうか。お勧めでしょうか。むしろ主イエス・キリストに会いに行くことは、私たちにとってかけがえのない喜びの出来事なのではないでしょうか。

私が牧師になって最初に洗礼を授けた、一人の老姉妹がいます。長年連れ添ったお連れ合いに先立たれ、その病床での信仰の導きと葬儀をさせていただいたことがきっかけで、七十代後半になってから求道を始め、毎週の礼拝に集うようになりました。時々ご自宅を訪問しては、一緒に聖書を読み、祈る時間を持っていました。

そんなある日のこと、聖書と祈りの時間が終わり、お茶を飲みながら語り合っている時に、彼女がにこにこと笑いながら「先生、最近、おもしろいことがあったんよ」と、あるエピソードを話してくれました。

「最近、ご近所のお友だちが、『周りの人があんたのことを噂しとるよ』と言ってきたんです」。「どんな噂？」と聞くと、「私のことを『○○さんは、このところ日曜日の朝になると、きちんと身支度を調えて、綺麗にして、いそいそと出かけていく。どうもあやしい。きっと誰か〝いい人〟ができたんじゃないか』って言ってるそうなんよ」。

「へえ、それで、どう答えたの？」。「『いい人ができたのか』というので、『そうなのよ。いい人ができたのよ。いい人に会いに行っているのよ』って答えたの。そしたら『どこの誰？』って言うから『イエスさまよ。私、教会に行っているのよ』と答えたんです」。

そんな結末に二人で声を出して大笑いしながら、なぜか涙がこぼれてきたのをおぼえています。主イエスに会いに行く。その喜びが溢れている。愛する夫を亡くした彼女に、寂しさを満たして余りある喜びが溢れ出ている。主イエス・キリストに会いに行く礼拝。主イエス・キリストが私たちを待っていてくれる礼拝。私たちの名を呼んで、ご自身のもとに迎え入れてくださる礼拝。そして私たちを喜んでくださる礼拝。この喜びへの道が、私たちの前に備えられ、開かれているのです。

3 朝明けに、夕べに

私たちの教会では、主日に四回の礼拝がおこなわれています。朝六時半からの早朝礼拝、九時からの第一朝拝、十時半からの第二朝拝、そして午後五時からの夕拝。朝の三回の礼拝はオーソドックスな礼拝形式で、同じ聖書箇所から説教しますが、夕拝は朝とは違ったみことばが開かれ、礼拝形式もワーシップソングを取り入れています。

早朝礼拝は、その日、出勤しなければならない方、部活や試験のある学生たち、やむを得ない事情で朝の礼拝に来れない方々が集う、三十分の小さな礼拝です。時には東京に出張に来られた他教会の方が出席されることもありますし、この礼拝で求道を始めた方もいます。土曜日の深夜まで説教準備に奮闘し、二、三時間の睡眠で朝を迎え、朝六時には教会に行き、礼拝に備えることは、時にはしんどさをおぼえることがありますが、朝明けに主をほめたたえて始まる礼拝は、心地良い緊張感に包まれる時でもあります。冬はまだ夜明け前の真っ暗な中、ストーブを付けて礼拝堂を暖めていると、凍えるようにしながらやってくる礼拝者がいる。夏はすでに太陽が昇り、日中気温が上がりそうな気配の中、息を切らしてやってくる礼拝者がいる。「二人、三人、我が名において」というみことばを実感しながらの礼拝は恵みの時でもあります。

赴任して半年後から、夕の礼拝をスタートしました。正確には過去に夕拝をしていた時期があったものの、十年近く休止していたのを、私が赴任したのをきっかけに再開したのです。教派の伝統によっては夕拝をする教会、日曜日の夜は伝道会を毎週開く教会もありますが、全体的に見て夕拝をする教会の数は減っている印象を持ちます。そんな中で、長年休止状態になっていた夕拝を再開したいと役員会に申し出た時、私はこんなことを申し上げました。

「朝の礼拝に来られない方のため、という目的で夕拝をするわけではありません。もちろんそういう方にも来てほしいのですが、一番の目的は、主の日を一日、神の前に過ごすというライフスタイルを実践したい。『朝に、夕に』礼拝する恵みを皆さんと分かち合いたい。礼拝で始まり、礼拝で終わる主の日、その礼拝から派遣される一週間へと皆さんを送り出したい。なので、朝とは違う説教をします。夕拝は出たい方が出てくだされば結構です。一人、二人でもかまいません」。こうして始まった夕拝でしたが、毎週十数名、多い時には二十名近い方々が集い、幸いな礼拝となっています。

自分が生まれ育った教会でも、神学生時代に通った教会でも夕拝があり、とにかく夕拝の雰囲気がとても好きでした。一日の終わりに、少しリラックスして礼拝に臨むと、不思議とみことばに集中することができました。何とも言えぬ心地良さがありました。ですから、夕拝というものは私にとってはとても身近なものだったのですが、実際に始めようと思うきっかけとなった出来事がありました。

牧師になって三年目、所属教団での若手教師の研修会の時に礼拝についての講義がありました。その時に講師の先生が「君たちは夕拝をやりなさい」と言われたのです。ちょっと毒舌のその先生は、「君たちはまだ半人前で、大した仕事ができないのだから、週に一つしか説教準備をしないようではだめだ。日曜日の午前中の礼拝だけで奉仕を終えているようではだめだ。毎週二つ説教を準備しなさい。朝も夕も礼拝しなさい」。またこんなことも言われました。「教会には様々な人が来る。中にはニコデモのような夜の求道者が来る。その一人のために夕拝をやりなさい」。

これを聞いた私は、「やりなさい」と言われたからには、という実に単純素朴な理由で、前任の小さな伝道所で夕拝を始め、今の教会に来てからも夕拝をおこなうことになったのです。こうしてスタートしてみると、苦労もありました。一番の苦労はやはり説教準備でした。朝の礼拝の準備だけでも一週間で足りないぐらいなのに、それに加えてもう一つの説教も準備するわけですから、途中で「早まった」と後悔したこともあります。

それでも毎週どうにか準備を続け、みことばを朝に、夕に説くうちに、新しい喜びをいくつも経験することになりました。まず、夕拝に集う方々のみことばへの集中度が高いことで、語る側も自ずと力がわいてくるという経験です。人数は少ないけれど、夕拝に出ようと思う方々のみことばへの期待度の高さが、この集中を生み出しているのでしょう。また、朝拝と夕拝では違う聖書の箇所から、違う説教が語られるのに、不思議と朝と夕に語られるみことばが共鳴し合い、一つの大事なメッセージとなって響いてくるということがしばしば起こります。これは夕拝に集う人が味わうことのできる特権です。それで「夕拝に出ると祝福が倍増しますよ」と、よく朝の礼拝でお話しすることがあります。「夜の求道者、ニコデモ」との出会いもありました。これまで数名の方が、夕拝で求道をし、信仰告白と洗礼に導かれていきました。

朝に夕に、主のみ前に過ごす一日。そこで得る真の憩いと安息によってたっぷりといのちの養いを受け、新しい一週間に送り出されていく。そんなリズムを身に付けていきたいと願っています。

4　罪赦された者として

礼拝において生ける主のみ前に進み出る時、私たちは自らが罪人であることの自覚に促されます。しかし、その自覚は私たちを主のみ前から退かせるものではありません。なぜならば私たちは「罪赦された罪人」としてみ前に招かれているからです。

よく「教会は入りづらい」という声を聞きます。教会というのは真面目で、正しく、品行方正な人が行くところであって、自分のような者が行く場所ではない、そんなふうに考える方が多いのです。教会をそのようなイメージで見てくださっていること自体は、大変ありがたい話ですが、しかしそれは大きな誤解です。教会は正しい人の集まりではありません。むしろ罪深い者たちの集まりです。自分の罪を知らされた人々の集まりです。それは決して社交辞令でも、自己卑下のことばでもなく、神のみ前に映し出される動かしがたいほどの事実です。その事実を認めた人、受け入れた人。そのような人々が礼拝の場にいるのです。

しかし、礼拝において赦しのみことばを聴き、主イエス・キリストの十字架の贖いをおぼえ、主の晩餐に連なる時、私たちはそこで、こんな罪人の私でも赦されるのだ、という驚くべき経験をするのです。

「赦される」という経験は、私たちの人生における様々な経験の中でも特別なものです。自分の過去に犯した過ち、誰かに与えた傷、断絶してしまった関係。相手は忘れてしまっているかも知れないけれども、心の深いところに棘のように引っかかり、疼きを与え続けるもの。そういうものを抱えながら私たちは生きています。勇気を出して面と向かって謝罪をしても、受け入れてもらえないことがあります。もうこんな過ちは繰り返すまいと心に決めても、どうしても繰り返してしまう弱さがあります。どれだけ時間が経っても和解に至ることのできないこじれた関係があります。たとえ相手は赦してくれたとしても、自分で自分を赦せないということもあるのです。

「赦されること」は受け身の事柄ですから、私たちが相手に向かって「私はこれだけ謝ったのだから、あなたは私を赦すべきだ」とか、「私はあなたに赦しを要求する」と主張することはできません。「赦される」ことがなければ、赦しは完結しないのです。

私たちの教会では、礼拝の中で「罪の告白、悔い改め、赦しの宣言」がおこなわれます。一週間の歩みを振り返り、主のみ前に自らの罪を告白し、悔い改めの祈りをささげ、赦しのみことばを聞き、福音の約束を受け取るのです。

詩編65篇2節から5節には次のように記されています。「沈黙してあなたに向かい、賛美をささげます。シオンにいます神よ。あなたに満願の献げ物をささげます。祈りを聞いてくださる神よ／すべて肉なるものはあなたのもとに来ます。罪の数々がわたしを圧倒します。背いたわたしたちを

／あなたは贖ってくださいます。いかに幸いなことでしょう／あなたに選ばれ、近づけられ／あなたの庭に宿る人は。恵みの溢れるあなたの家、聖なる神殿によって、わたしたちが満ち足りますように」。

過ぎた日々を思い返すと、犯した罪の数々に、とても神の前には出られないと礼拝の場から後ずさってしまいたくなるような心が生まれてきます。しかしそこであらためて思うのです。ではいったい私たちが神の前に進み出ることができるような時が一瞬でもあるだろうかと。もし私たちが神の前に進み出る基準を自分自身のふさわしさに置くならば、私たちは一度たりとも神の前に出ることはできませんし、もし自分を省みることなく、悔い改めなしに礼拝し続けていられるなら、大きな過ちを犯していることになるでしょう。

しかし、神は私たちをいつも新しく招いてくださり、その招きに応じて神の前に進み出ることができるようにしてくださいます。顔も上げられないような罪人の私を、日々、同じ過ちを繰り返して、どうして神の前に出られるだろうかと深く恥じ入る私たちを、悔い改めてもその罪と咎を自分の力では決して克服し得ない私たちを、主なる神はみ子イエス・キリストの十字架の血潮によって、そのすべての罪を洗い清め、咎を拭い去り、み子の赦しと贖いの確かさのゆえに私たちを神のそば近くへと近づけてくださるのです。

罪の赦しは神の前に出る条件ではありません。神が近づけてくださるので、赦しの恵みの中で、私たちは自分の罪をこの口をもって告白し、赦しの確かさを新しく受け取っていくことができるのです。「子よ、あなたの罪は赦された」と宣言していただいた時、そこで私たちはこの赦しの恵みの中で、罪赦された罪人としての自分自身と新しく出会うことになります。そしてそればかりでなく、罪赦された罪人として、新しく隣り人とも出会うことになる。私と一緒に肩を並べている兄弟姉妹たちもまた、私と同じように罪赦された罪人であることに気づかされるのです。

教会の交わりの中には時に人間関係のぶつかり合いが起こることがあります。わかり合えないことが起こります。人に躓いて礼拝の場から離れてしまうということが起こるのです。悲しいことですが、それもまた罪人の集まりである教会の姿です。しかしそこで私たちは「あの人とはわかり合えない」と言ってあきらめてしまってよいのだろうか、と問われます。主イエスの赦しの恵みの前で、赦せない私の心が問われるのです。あなたも赦された者ではないのか。あなたも赦しに進み出せるのではないか、と。

主イエスはマタイによる福音書5章23節、24節でこう言われました。「あなたが祭壇に供え物を献げようとし、兄弟が自分に反感を持っているのをそこで思い出したなら、その供え物を祭壇の前に置き、まず行って兄弟と仲直りをし、それから帰って来て、供え物を献げなさい」。礼拝の場に身を置いてみれば、すぐに気づくことです。一緒に賛美を歌う時、一緒にみことばを聴く時、一緒に心を合わせて祈る時、一緒に主の晩餐の食卓に連なる時、そこで一緒に主のみ前にある隣り人との間にわだかまりを持ったままでいるならば、私の心は本当の喜びを味わうことがありません。

礼拝の前に和解ができれば、それに越したことはありませんが、むしろ実際には、礼拝の場に身を置いているまさにその時に、私たちは自分の罪を示され、隣り人を赦すことのできない頑なさを示され、隣り人を受け入れることのできない自分の弱さを示されることが多いと実感します。

しかしこれはまことに幸いな経験です。礼拝の中でその罪を、頑なさを、弱さを示される時、私たちはそこで真の意味で主イエス・キリストの十字架を仰ぎ見ることができ、その主の十字架のもとで自らの罪の赦しを受け取り、そしてその自分と同じように罪赦されている隣り人と出会いを果たすのです。こうして罪赦された者であるお互いが、互いをその一点において認め合い、受け入れ合う時、礼拝の交わりはより真実なものになり、その交わりはより緊密なものとなるでしょう。私たちは罪赦された者同士としてみ前に進み出る者たちなのです。

罪の問題は、私たちに危機をもたらすものです。救われてなお、赦されてなお、私たちは時に自分の救いを疑い、自分の赦しを疑います。自分の罪深さを知っていればいるほど、その疑いも深いものとなるのです。そのような疑いの中で、私たちはどのようにして赦しの確かさ、救いの確かさを得ることができるのでしょうか。

十六世紀チューリヒの改革者であったブリンガーによって作られた第二スイス信仰告白は、予定の教えを扱う第十章で、自分の中に神の選びと救いの確かさを疑う心が起こった時には、礼拝の場で主の祈りを祈るように、と勧めています。「神の全教会と共にわれわれは祈る。『天にましますわれらの父よ』と。そう祈るのはわれわれが洗礼によってイエス・キリストの体に接木され、さらに彼の御体と御血によって、彼の教会の内にあって永遠の生命に養われているからである」(渡辺信夫訳『改革教会信仰告白集』教文館、二〇一四年)。救いの確かさを求めて祈る信仰者は、すでに教会の交わりの中で、キリストのからだの一部、神の家族の一員、父なる神に愛される子どもの一人として「われらの父よ」と祈っているのです。この公同の祈りが祈られる交わりの中に今、自分も身を置いているという事実。そしてその交わりの中で主にある兄弟姉妹たちと共に声を合わせ、心を合わせて祈っているという事実。これが赦しの確かさの何よりの証しなのです。

第四章　羊飼いの声に聴き従う——説教

1　一つの苦い経験から

説教の務めについて考える時、思い起こす苦い経験があります。まだ伝道者として歩み出して数年の頃のことです。いつも明るく、とても熱心に励んでいた一人の婦人が、ある時から、礼拝の時の表情が暗くなり、元気を失っているのに気がつきました。特に説教の時間になるとじっと下を向いてうつむいたままの姿勢でいることが多くなり、最初は体調でも悪いのか、と思ったりもしましたが、そんな状態がしばらく続いたのです。

ある日の礼拝後に彼女に声をかけました。「最近、元気がないようですが、どうかなさいましたか？　よかったらお話を聞かせてください」。すると彼女は少しこわばった顔で、「先生、今はまだ話せませんが、近いうちにお話に行きます」と答えました。

その時の彼女の表情や声の感じから、彼女の変化の原因は何か自分に関係していることだな、と直感しました。その日以来、いろいろとこれまでの彼女との関わりを振り返ってみたのですが、特別に彼女を傷つけたようなおぼえもなく、いったい何が原因なのだろうかと気をもむ日々を過ごしました。それからしばらくして、「先生、あらためてお話があります」と彼女が訪ねてきました。

牧師室で向き合うと、彼女は意を決したようにこう言われたのです。「先生、私はこのところずっと礼拝に出るのがつらいんです。先生の説教を聴くのがつらいんです。いつもいつも神さまに裁かれているように感じて、苦しくなるんです」。

とてもショックなことばでした。毎週の説教準備にできる限りの努力をし、一所懸命に福音を語っていたつもりだったのに、結果的には一人の人をそんな思いにさせていたとは、と暗く重い気持ちになりました。

それからというもの、日曜日が来る度に、彼女の顔色が気になって仕方がありません。どうしたら彼女が顔を上げてくれるだろうか。どうしたら喜んでみことばを聴いてくれるだろうか。自分の説教のどこがいけないのだろうか。どうして福音を語っているつもりなのに、彼女には裁きのことばとして聞こえてしまうのだろうか。そんなことを考えて、びくびくしながら説教を語るようになってしまったのです。

それから数週間が経った日曜日、私は説教壇からみことばを語りながら、心の中で大きな葛藤をおぼえていました。その日に開かれていた聖書箇所の中に、ある厳しさを含むみことばがありました。準備の段階から、そのみことばをどのように説き明かすべきかと悩みました。このみことばの厳しさをそのまま語ったら、また彼女は「裁かれた」と感じるのではないか。それは致命傷を与えることになるのではないか。それでも聖書がそう語っている以上は、勝手にそれを曲げることは許されない。どうしたらいいのだろうか。

悩みを抱えたまま原稿を書き上げてその日の説教に臨んだのですが、いざ説教壇に立って語り始めると、下を向いて暗い顔をしている彼女の姿が目の前にある。説教が進み、あの厳しいみことばの箇所が近づいて来る。また厳しいことを言ったと責められるのではないか。むしろ彼女を喜ばせることばを語った方がよいのではないか。みことばを語りながら、心の中ではそんな思いがせめぎ合い、そしてついに私は準備した原稿を離れ、そのみことばの意味をごまかすような、あいまいなことばを口にして、その箇所をやり過ごすということをしたのです。

その瞬間、私は説教壇に立ったまま、自分の中から力が抜けていくのを感じました。人の顔色をうかがい、神さまが語れと言われることを曲げて、人に取り入ることばを語ってしまったのです。それから「ああ、自分はとんでもないことをしてしまった」という思いが大波のように押し寄せてきたのです。自分は神のみ前に大きな過ちを犯した、説教者として許されないことをしてしまった。その日の夜はひらすら悔い改めの中に過ごしたことを思い起こします。

結果的に、しばらくして彼女は別の教会に移って行きました。もう二十年以上も前のことですが、今、思い出しても痛恨の出来事です。しかし、その経験が「説教とは何か」、「人間が神のことばを取り次ぐとはどういうことなのか」、「果たしてそんなことができるのか」という問いを考える出発点となったのです。

まだ二十代半ばの駆け出し牧師と、伝道所から教会への自立を目指す途上にあった小さな群れ。なんとか一つの教会として土台を築き、次のステップに進みたいという強い思いの中で、礼拝ではエフェソの信徒への手紙からの連続講解説教が語られていました。説教者の自覚としては福音のことばを語っているつもりでしたが、そこには未熟さゆえの気負いや先走る思いがあったのでしょう。いつしかエフェソの信徒への手紙の響きが、聴き手たちにとって説教者からの命令形のことばとして聴かれていったのだと思います。

福音を語っているつもりなのに、そのことばが届かない。説教者は悩みます。自分のことばに力がないからなのか。聴き手たちがきちんとみことばを聴き取ってくれないからなのか。こんなに一所懸命語っているのに、どうしてなのか。皆は自分を信頼しているのか。ちゃんと聴こうとしているのだろうか。

しかし、悩んでいるのは説教者だけではありません。聴き手もまた悩みます。自分たちはみことばを聴きたいのに、神のことばが語られない。毎週期待して礼拝に来るのに、いつもその期待は裏切られる。福音を聴きたいのに、人間のことばしか聞こえてこない。どうしてなのか。神が立てられた説教者のはずなのに。彼はみことばを語ろうとしているのだろうか。そんな声にならない叫びが、各地の礼拝堂から聞こえているのではないでしょうか。

2　「神のことばの説教が神のことば」を巡って

プロテスタント教会の礼拝は、ことのほか「神のことば」を重視し、その説き明かしである「説教」を礼拝の中心に据えてきました。北米改革派の礼拝学者H・ヘイゲマンは、『礼拝を新たに』（矢崎邦彦・高橋隆教訳、日本基督教団出版局、一九九五年）という書物の中で、プロテスタント教会の礼拝が、みことばの説教にあまりに偏り、その他の要素を排除していったチューリヒのツヴィングリ型の礼拝になっていると批判し、みことばの説教と主の晩餐の二つを中心に据えたストラスブールのブツァー、その伝統を受け継いだジュネーヴのカルヴァン、その後のエキュメニカルな礼拝理解を踏まえた改革派的な典礼を回復すべきと言います。

この指摘は日本のプロテスタント教会にも当てはまるものでしょう。昨今は礼拝学の充実に伴って、礼拝の歴史や神学について論じた有益な書物が多く出版され、実践的な提言もなされています。礼拝における説教偏重を廃し、神学的な意図に導かれた典礼として礼拝全体を整えるべきことが指摘されるのです。

しかしながら、説教の占める位置が相対化されることによって、礼拝が充実に向かうかといえばもちろん事柄はそう簡単ではありませんし、「見えることば」としての礼典や儀式が、「聴くことば」としての説教に取って代わることができるわけでもありません。やはり「神のことば」を説き明かす説教の課題はそこでもなお中心的な位置にあるでしょうし、あり続ける必要があるでしょう。

説教について考える際にいつも思い起こされるのは、第二スイス信仰告白の第一章の、聖書論の有名なテーゼです。「神のことばの説教が、神のことばである」(Praedicatio verbi Dei est verbum Dei)。大変厳粛なことばです。そして大きな問いをはらんだことばです。説教者にとって「説教とは何か」を考え続けていく上で、最大の問いがここにあると言えるでしょう。とりわけ本質的な問題は、ここでの「である(est)」はいかにして可能となり、現実になるか、ということです。

一人の人が、一冊の書物をひもとき、そのことばと格闘し、それに基づいて語る。この人はそれを日々繰り返します。毎週日曜日になると説教壇に上がって「説教」を語り、語り終えるとすぐに、再びその書物との取り組みが始まる。この人もまた一人の弱い土の器にすぎません。罪との闘いがあり、肉体にも疲れをおぼえ、知的にも精神的にも様々な限界を持つものです。にもかかわらず、この人はその書物との取り組みをなおも続けていく。それはいったいどういうことなのでしょうか。

この人のあり方を全面的に規定し、拘束しているのは、一冊の書物です。この人はその一冊の書物を説き明かし続けることに全身全霊を傾け、それに一生涯を費やします。この人は「説教者」と呼ばれ、また「神のことばの仕え人」と呼ばれます。その書物はどうしてそれほどの拘束力を持つのでしょうか。それは、この書物、すなわち「聖書」が「神のことば」であるからです。

ヨハネによる福音書20章31節によれば、聖書は「あなたがたが、イエスは神の子メシアであると信じるためであり、また、信じてイエスの名により命を受けるため」に書かれたものです。私たちはパウロがテモテへの手紙二3章15節で「この書物は、キリスト・イエスへの信仰を通して救いに導く知恵を、あなたに与えることができ」ると語ったことを受け取っています。そして16節で「聖書はすべて神の霊の導きの下に書かれ、人を教え、戒め、誤りを正し、義に導く訓練をするうえに有益」と言われるように、その力に信頼します。

この神のことばを取り次ぐために召された人、それが説教者です。土の器にすぎない説教者が語る「神のことばの説教」が「神のことばである（est）」と言われるのは、説教者が神によって召されて、その務めに就かせられたという、説教者としての「召命」にかかっているのです。ですから教会は説教者を立てるために多くの祈りと犠牲を払います。説教者の召命を問い、それを試し、それを支え、それを信頼し、そして確信をもってこの人を説教壇に迎えます。たとえその人が自分より年若くあっても、たとえその人が人生の経験や知識に乏しくあっても、あるいはその人が肉体の弱さを担っていても、あるいは短所や欠けがある器であっても、しかしこの人が神によって召された器であることを、本人に与えられた聖霊による召しの確認と、教会が様々な手続きを通して確かめてきた召しの確認とが一致した時、教会はこの説教者の語る神のことばの説教を、まことに神のことば「である（est）」と受け取るのです。

3　説教者のジレンマ

「神のことばに仕える」という、まことに厳粛な務めに召された説教者は、その召しが要求する説教者としての知識、技術、態度、実践を身に付けるべく訓練を受けます。神学校での学びと訓練は、突き詰めて言えば、この召しに必要なあらゆることを教え、学ぶための修練の時です。聖書を正しく読み、理解するために必要とされる聖書言語をはじめとする語学、聖書を原典で釈義するための知識と技術、聖書の個別と全体を理解するための聖書学、解釈学や聖書神学、また歴史神学、教義学、実践神学など、キリスト教信仰の全体と、それに仕える奉仕の実践のための学びを身に付けて教会に遣わされていくのです。

そうして説教壇に立たせられ、みことばの奉仕が始まります。与えられた召命に応えて、準備の時を過ごし、いよいよ教会の現場に遣わされて、みことばに仕え、教会に仕える日々がスタートする。その厳かな感謝と喜び、畏れと不安の入り交じった気持ちを、今でも鮮明に思い起こすことができます。次の日曜日の礼拝での説教のために、今までに学んだことを総動員し、自分の持てる力をフル稼働するようにして懸命に準備に取り組む。寝る時間を削って準備を続け、日曜日の朝が明るくなり始めた頃にようやく原稿を書き上げて、いよいよ礼拝に臨む。説教壇に立ち、緊張しながら、声はうわずり、早口になり、会衆席を見渡す余裕もなく、顔も上げられずに、ひたすら原稿を目で追うようにして何とか語り終える。

うまくいったと思える時もあれば、思ったように語れなかったと悔いが残る時もある。会衆に届いたという手応えを感じる時もあれば、会衆席の上をことばがむなしく通り過ぎていったような感覚をおぼえる時もある。足らない説教にもかかわらず、信仰の大先輩が最前列で深く頷きながら、一言一句聞き漏らさずといわんばかりに身を乗り出すように聞いてくださる時もあれば、顔を上げることもなくうなだれたままそこにいるという方もある。そんな成功と失敗、一喜一憂の経験を繰り返し、礼拝の一日が終わる頃には、すべての力を出し切って放心状態のようになりながら、それでも心の奥深いところには、この召しに生きる喜びがありました。

ところが、情熱をもってみことばを語り続けているうちに、だんだんとその情熱が冷めていく時がやって来ました。教会の奉仕の生活も軌道に乗り、信徒の方々とも程良い信頼関係が生まれ、冠婚葬祭などの一とおりのことも経験し、説教準備の「コツ」のようなものをつかみ、ある種の「慣れ」が生まれ始めたのです。未熟だった駆け出し牧師が、いくつかの経験を通して少しずつ成長していく歩みは、本来ならば喜ばしく、感謝すべきことなのですが、牧師となって五年を過ぎた頃から、一つの壁に突き当たっているという感覚を持つようになりました。教会の様々な働きは、さほど大きな失敗もなく、そつなく果たせるようになってはいたものの、一番の壁は、やはり何と言っても説教に関することでした。

毎回、説教の準備をしながら、語るべきことばを求めて祈るのですが、いざ原稿を書いてみると、いつも「これは違う、みことばが言いたいのは、これではない」という思いが頭の中を巡ります。神のことばに近づきたいと必死にもがきながらも、どうしてもそこに届かない。何とか説教原稿を書き上げて、礼拝の場で語るのですが、語りながらも、そして語り終わった後も、「神さまが言いたいのは、こういうことではない」という思いが頭をもたげてくるのです。語るべき真実なことばを求めれば求めるほど、かえって神のことばが遠のいていく。せっかく与えられていることばのしずくが、手のひらの指の間からどんどんこぼれ落ちていく。そんな感覚に陥りました。

一方に神が語ろうとなさっていることばがあり、他方に神のことばを聴こうと集まっている聴き手たちがいる。説教者はそこで神のことばを取り次ぐために召しを受けた者として立たせられている。そこで、説教者は、神のことばの力が減衰することなく、できる限りそのままの力を持って聴き手たちに到達するように願ってみことばを取り次ぎます。しかしそこで実際に説教者が経験させられるのは、いつも説教のことばが神のことばの力を減じてしまい、神のことばの水位よりも下がってしまうという現実です。

そうすると、説教者は神と人との間でどのような役割を果たすのか、また、それが果たして神の目的にかなったことであるのか、という問いに直面してしまうのです。そこから説教を突き詰めていくと、むしろ余計な言葉を差し挟まず、聖書を朗読するだけでよいのではないか、むしろ説教者は無言でいるべきなのではないかというジレンマを抱えることになる。ことばを求めて、ことばを喪失していく経験。そんなジレンマを抱えることになるのです。

4　説教者の存在

教会に遣わされて六年が経った時、牧師の務めを休職して学びの場に戻りました。伝道者として、説教者として一から出直さなければならないと思ったのです。説教の問題を中心に様々な悩みと行き詰まりを感じていた私にとって、最終的な決断を下すきっかけとなったのが一人の先輩牧師からのことばでした。ある機会に私の説教の録音を聴いて、丁寧な批評の手紙をくださったのです。そこには私の説教への結論的な評価として、「あなたの説教には、神のことばへの恐れが感じられない」と記されていました。

私はこのことばによって、「このまま牧師を続けてはいけない。もう一度最初からやり直そう」と決心することができたのです。こうして教会を辞し、神戸改革派神学校に入学し、再び学びの日々に戻ることになりました。学びの場に戻ってからの日々は、自分でも驚くほどに毎回の授業が喜びに心躍るものでした。それだけ六年間の奉仕の中で、内面の渇きがあったのだと気づきました。特に教義学や説教学の講義を通して多くのことを教えられ、また仲間たちとの語らいや、多くの読書を通して、自分の中の問いに対する、答えの兆しが見えてきたように思います。そこで得た答えの一つは、「説教者の存在」の位置づけを確認できた、ということでした。より根本的に言えば、神の前での人間の位置づけ、自分自身の位置づけを見出すことができたと言ってもよい、そんな経験です。

父なる神がみ子イエス・キリストを通し、聖霊によって語られる。そこでは土の器である説教者の存在が、神のことばを疎外する存在、神のことばの力を減衰させる存在としてではなく、むしろ神のことばが人に伝えられていくための無くてならない存在として位置づけられているのです。

この消息を、ヘブライ人への手紙1章1節、2節のみことばで確かめたいと思います。「神は、かつて預言者たちによって、多くのかたちで、また多くのしかたで先祖に語られたが、この終わりの時代には、御子によってわたしたちに語られました」。

このみことばは、私たちが神のことばである聖書をどのように理解するかを考える上で、とても重要なところです。ある人々は聖書について神に関する事柄を人間たちが証言したにすぎない人間の書物と見なしますが、それぞれの聖書記者たちの人間性、個性や能力、賜物や時にはその人の弱ささえも用いられたがゆえに、私たちは聖書の持つ人間的な性格を、あえて神がそのような語り方をもって語られた神の語りの歴史、すなわち啓示の歴史として受け取り、そこに働かれる聖霊の生けるお働きを信じるがゆえに、聖書が神のことばであると、その権威を信じ受け入れることができるのです。

かつて旧約の時代には預言者によって、そして新約の時代にはみ子イエス・キリストによって語ってくださった神は、今、私たちにどのように語りかけておられるのか。そこで、説教者の存在が位置づけられるのです。第二スイス信仰告白第一章の聖書論にある次のことばです。「われわれは聖なる預言者と使徒による正典たる書、すなわち旧・新約聖書が、神のまことの言葉そのものであり、それ自身で十分な権威を持ち、人間によって権威付けられるものでないと信じ、かつ告白する。すなわち、神は自ら父祖たち、預言者たち、使徒たちに語りたまい、今なお書かれた聖書によってわれわれに語りたもうのである」。

ここで第二スイス信仰告白が「神は……今なお書かれた聖書によってわれわれに語りたもう」と告白していることに注目したいと思います。そこで決定的なのは聖霊なる神のお働きです。聖霊は今、聖書を通し、説教者を用いて語っておられる。それが聖書を通しての神の語り方なのだというのです。

説教者の存在。それは教会における聖霊の働きの一つの具体的な現れです。聖霊が一人の人を召し、その器を通して今、語られる。それはその人間が神的な存在なのではなく、召命によって神のことばを取り次ぐ務めが委ねられ、その土の器を通して神が語られるという、神の語り方の中で、その器の人格、個性、その強さも弱さも固有な意味を持つ者として用いられるゆえです。神のことばが説教によって担われ、説教者という存在を通して語られるという厳かな事実を、恐れつつ、しかし後ずさりすることなく受け取りたいと思うのです。

こうして、神の救いの歴史において、聖書を通して「今、神が語っておられる」という現実をおぼえる時、父なる神が、受肉した神のことばであるみ子イエス・キリストを通し、御父とみ子からの霊である聖霊によって、神のことばなる聖書を用い、その聖書を説き明かすために召命を与えられた説教者を通して語っておられるという、説教者の担う「終末論的な位置」を自覚させられるのです。

毎主日の礼拝の説教において起こっていることはいったい何でしょうか。説教者が聖書を説き明かすというのは、大昔に書かれ、まとめられ、集められた過去の歴史的宗教的文書についての解説、説明なのでしょうか。そこに書かれた古代人の知恵や宗教経験、奇跡物語や教訓などを取り出し、今の私たちの時代の文脈に当てはめ、適用するということなのでしょうか。

説教において起こっていること。それは「今、ここで、神が語られる」という現実です。そして説教者の存在はこの神の語りの中に位置づけられ、礼拝は神の救いの歴史の中に位置づけられる。みことばが語られる時、そこに生けるキリストの臨在が現され、神の国が開かれていく。そしてやがて完成する神の国の完成に向かう救済史的な最先端に立たせられて、そこで神のことばを説き明かすことを通して、生けるキリストの臨在と支配がもたらされているのです。まさに「説教者は、教会の公的な業である説教を通して歴史における三位一体の神の終末的・神の国的働きに仕えるのであり、それによって文字どおり三位一体の神の終末的歴史支配の〝最前衛〟としての位置と役割を担うことになるのである」（牧田吉和「説教と神学——説教に対する神学の批判的・建設的機能」『説教13』説教塾紀要、教文館、二〇一二年）との指摘を心に留めたいと思います。

5　説教者の覚悟

こうして考えてくると、あらためて説教者はどこに立たされているのか、という問いに向き合わされます。土の器にすぎない「説教者」という存在が、教会における聖霊の働きの具体的な現れであり、しかも神の導かれる救いの歴史の最前衛に立たされているという事実をおぼえる時、そこであらためて「召命」が問われます。それは説教者の「覚悟」と言ってもよいかも知れません。

パウロはコリントの信徒への手紙二2章17節で次のように語りました。「わたしたちは、多くの人々のように神の言葉を売り物にせず、誠実に、また神に属する者として、神の御前でキリストに結ばれて語っています」。またテモテへの手紙二4章1節、2節でもこう言っています。「神の御前で、そして、生きている者と死んだ者を裁くために来られるキリスト・イエスの御前で、その出現とその御国とを思いつつ、厳かに命じます。御言葉を宣べ伝えなさい。折が良くても悪くても励みなさい。とがめ、戒め、励ましなさい。忍耐強く、十分に教えるのです」。

厳粛なことばです。神の語りの中に位置づけられ、キリストに代わって語るという特別な場に立たせられながら、同時に説教者は「神の御前で」、「キリストに結ばれて」、「キリスト・イエスの御前で」語っているのです。そこでは「土の器」であるという現実は、説教者にとっての逃げ場、言い逃れの口実にはなりません。むしろ語りながら、語っている自らがみことばによって繰り返し召命を試され、覚悟を問われるのです。「お前が語っているそのことばは本物か。そのことばを本気で信じているか。そのことばに本当に生きているか」と。

ここでいう「覚悟」とは、単なる説教者の意気込みや熱心という以上のことです。そこでは何よりもみことばが語っている事柄を、正しく受け取っているか、という福音の理解と把握が問われているでしょう。説教者は自分の信じたこと以外を語ることができません。自分を脇に置く、棚に上げるということができないのです。

ある時、卒業を目前に控えた神学生に礼拝で説教をしていただきました。いよいよ伝道者として遣わされて行く日を前にしての説教ということで、神学校の学びの総まとめのような説教に、会衆一同、深く教えられたのでした。その日の夜、すべてのプログラムを終えて、他の神学生たちと一緒に牧師室のテーブルを囲み、説教の振り返りの時になりました。そこで私は彼に一つのことを伝えました。「とても良い説教だったが、一つ気になることがあった。それはあなたの説教の中で『～だそうです。～だそうです』と繰り返されたことだ。その時、あなた自身はどこにいるのか」と、そう問うたのです。

彼は「自分の考えでなく、聖書がこう語っている、ということを伝えたかった」と答えました。ある意味で、それは説教者としてのわきまえと言えるでしょう。しかしその上でなお問いが残ります。たしかに説教は、説教者の独り語りではなく、神のことばを取り次ぐのであるから、「私」を背後に退かせ、客観性を保たなければならないという面があるでしょう。

けれども、説教者が立たされている位置を考えるならば、説教者は逃げ隠れすることができず、自分で語ったことばを引き受けなければならない。説教者は自分自身が聴いたことば、信じたことば、自分という存在をくぐり抜けたことばでしか語ることができないし、語らなければならないのではないか。そんなことを彼と語り合ったのでした。

このことは神のことばの権威とも関わる問題です。神のみ前で語る説教者は、最初の聴き手としてみことばを受け取る位置にあります。それと共に、説教者は、神の権威を帯びて語るという位置に立たせられてもいるのです。

私自身はこの説教者の「立ち位置」ということで、随分と長い間、悩み続けることがありました。有志の牧師たちで、加藤常昭先生を講師に迎えて説教の研鑽の時を持ったことがありました。そこで自分が語った説教の録音に基づく批評を受けました。加藤先生の批評は、私の語った説教の冒頭五分ぐらいの導入部分に集中し、そこで次のような鋭い指摘を受けました。「あなたは聴き手との距離が近すぎる。あなたは神のことばの説教を人間のことばにしてしまっている。神のことばの権威を自覚しなければならない」。

そう言われてみて、自分の説教の在り方はもちろんのこと、自分自身の信仰の姿勢をも問われたように思います。確かに自分の中には「権威」というものに対するある種の抵抗感があり、「権威ぶる」ものや、人、ことばに対する嫌悪感があることに気づかされました。そんな意識がおそらく説教の語り口や姿勢にも現れていたのでしょう。神の権威と、人間の権威「のようなもの」との区別がつかず、自分自身が「権威ぶる」ものになることを恐れるあまり、知らず知らずのうちに、神の権威を人間の地平に引きずり降ろしてしまっていたのです。

神のことばが軽んじられてならないのも、神のことばに仕える務めがそしられてならないのも、それは神の権威がそこに介在しているからであり、その権威を帯びることを意味する召命と覚悟が繰り返し問われているのだと思います。

6　聴き手の存在

また、説教においては聴き手の存在が決定的な役割を担っています。宗教改革時代の教会は、何をもってそこに教会が存在すると言えるのか、という問いを考えました。そこで論じられたのが、第1章で扱った「教会の目印」ということでした。

宗教改革者カルヴァンが『キリスト教綱要』第四篇において、教会の目印の一つである説教について、「神の言葉が真摯に説教されまた聴かれる所」と論じたことは、すでに指摘しましたが、そこでのポイントは、神のことばが「説教され」るだけでなく、「聴かれる」ことを位置づけた点にあります。みことばは語られるだけでなく、聴かれなければならない。当然といえば当然なのですが、しかしこのことの持つ意味はあらためて考えるに価するものです。

宣教学者デイビッド・ボッシュは、カルヴァンのこのような定義が、中世以来のヨーロッパの「キリスト教世界」における既存の教会を前提としていると批判します（『宣教のパラダイム転換上』東京ミッション研究所訳、新教出版社、二〇〇四年）。聴き手の存在を前提にできるのは、キリスト教的な背景を持つ世界での話であって、そのような前提を持つ思考そのものが宣教の視点を欠いているというわけです。

「聴き手がそこにいるのは当たり前」とは言えないということは、私たちには身にしみてよくわかる実感です。ゼロから開拓伝道を始めた牧師から、最初の頃の礼拝は誰もいない壁に向かって説教したとか、妻一人を目の前にして説教をした、という苦労話をいくつも聞いたことがあります。今日はいったい何人の人が来るだろうかと祈りながら椅子を並べたり、座布団を並べたり、という経験を持つ伝道者は多いことでしょう。そう思えば、神のことばの聴き手が目の前にいるというのは決して当たり前ではないことに気づかされるのです。

岡山での伝道所時代、毎週の礼拝で説教壇に立ち、目の前にいる人々を見回す時、そこでまず私の意識の中に上るのはいつも、そこに「いない」人たちの顔でした。「あの人が来ていない」、「この人の顔が見えない」。小さな群れですから、誰が出席しているかいないかはすぐにわかる。たちまち私の心の中には、「どうしてあの人はいないのか」、「どうしてこの人は休んだのか」という思いがむくむくと沸き起こってきて、冷静さを失うということを繰り返していたのです。

しかし、そんな自分自身の在り方が大きく変えられる経験がありました。ルードルフ・ボーレン先生の「聞き手が恵みの賜物であることを発見すること」、「聴衆に達する道は、説教者を通じて辿られる道である」（『説教学Ⅱ』加藤常昭訳、日本基督教団出版局、一九七八年）ということばに出会ったことがきっかけでした。そこに「いない」人を見るのでなく、そこに「いる」人を神の賜物として感謝して見つめること。この当たり前のことすら私の中からすっぽりと抜け落ちていたのでした。

神のことばの聴き手たちが、神のことばの前にいること。そのこと自体が大きな神の恵みの賜物だと教えられて、私自身も大きく変えられました。また、説教者は神のことばを釈義し、黙想するように、神のことばの聴き手たちについても釈義し、黙想せよとも教えられました。

毎日、教会の一人一人のために祈っているのですが、しかしそれを説教との結びつきで見つめることは、それまでの私には欠けていたことでした。それ以来、説教の準備をしながら、教会の一人一人の顔を思い浮かべます。最近、子育てに悩んでいるAさん、仕事での責任が増えて多忙な日々を送っているBさん、勉強と部活と教会生活のバランスを取ることに苦労しているCくん、だんだん歳を重ねて、この先のことがあれこれと心配で仕方がないDさん、病気の家族のために心を尽くして看病しているEさん、信仰の迷いの中からなかなか抜け出せないでいるFさん、このところめっきり教会から足が遠のいてしまっているGさん。知っている人々ばかりではない、次の日曜日に初めて教会のドアを開けるかも知れない、まだ出会っていない「誰か」。こうした人々のことを祈りの中に思い浮かべ、彼らにどのようにみことばを届けたらよいかと思い巡らし、語るべきことばを求め、そしてそのことばを与えられて説教壇に立つ時、そこにいる一人一人の姿は、まことに神の恵みの光に照らされた、かけがえのない宝のような存在であることに気づかされるのです。

私が今の教会に赴任して一か月足らずで入院し、その後、十年以上の療養生活を送り、九十歳を越えて天に召されていった老姉妹がいます。彼女と共に教会で礼拝をささげた回数は四回ほどなのですが、私にとって忘れられない鮮烈な印象を残してくださった方です。赴任したばかりでまだ緊張が解けず、一人一人の名前と顔を必死でおぼえていた頃、礼拝で説教を語っている間、背筋をまっすぐに伸ばし、大きく目を見開いて、私の顔をじっと見つめ、何度も何度も頷きながらみことばに聴く姿がありました。そこには、まだ出会ったばかりの、若い牧師が語る拙い説教を、しかしまことに神のことばとして聴こうとする聴き手の姿があったのです。こういう聴き手たちの存在が、教会というものを形づくっているのです。

7　「聴く」こと、「従う」こと

神のことばが語られ、聴かれるという関わりについて、主イエスはヨハネによる福音書10章1節から5節でこう言われました。「はっきり言っておく。羊の囲いに入るのに、門を通らないでほかの所を乗り越えて来る者は、盗人であり、強盗である。門から入る者が羊飼いである。門番は羊飼いには門を開き、羊はその声を聞き分ける。羊飼いは自分の羊の名を呼んで連れ出す。自分の羊をすべて連れ出すと、先頭に立って行く。羊はその声を知っているので、ついて行く。しかし、ほかの者には決してついて行かず、逃げ去る。ほかの者たちの声を知らないからである」。

ここで「羊飼い」は、自分の飼う羊を知っており、その名を呼んで連れ出す者と言われます。14

節でも「わたしは良い羊飼いである。わたしは自分の羊を知っており、羊もわたしを知っている」と言われるとおりです。まことの羊飼いなる主イエスは、ご自身の養う羊たちを知っていてくださる。そしてその名を呼んで連れ出してくださるお方だというのです。

では、この羊飼いに養われる羊の姿はどのようなものでしょうか。「わたしの羊はわたしの声を聞き分ける。わたしは彼らを知っており、彼らはわたしに従う」。羊飼いが自分の羊を知って、その名を呼ぶのに対して、羊もまた自分の羊飼いを知り、そして羊飼いの後に従うと言われます。そこで大事なことは、羊たちが自分の羊飼いを知るのは「その声を聞き分ける」ことによってだと言われる点です。

ここで羊飼いと盗人、強盗と比べられています。盗人が偽の羊飼いを装って近づいてきても、羊たちはその声に惑わされることがない。なぜなら羊は自分の名を呼ぶ羊飼いが本当の自分の羊飼いであるかどうかをその「声」で聞き分ける。そして知らない「声」には従うことをしないのです。主イエスはこのようにして羊飼いと羊の関係を、その名を呼ぶ声と、その声を聞き分けて従う関係としてここで語っておられるのです。

ヨハネによる福音書10章は、歴史の中で教会が大切にしてきたみことばの一つです。特に教会が偽の羊飼いの声によって惑わされそうになった試練の時代、誰の声に聴き従うのか、その決断を迫られた戦いの時代に教会が支えられてきたみことばです。特に、宗教改革時代に作られた数多くの信仰告白文書は、教会の在り方を言い表すにあたって、このみことばに立ってきました。

一五二八年にスイスのベルンの教会が告白したベルン提題の第一項には「キリストが唯一の聖なる頭であるキリスト教会は、神の言葉から生まれ、この神の言葉に留まり、よそ者の声を聞かない」（菊池信光訳『改革派教会信仰告白集Ｉ』一麦出版社、二〇一一年）とあります。これはヨハネによる福音書10章に基づく告白です。そしてこの一文が、それからおよそ四百年を経た第二次大戦下のドイツで、ナチに抵抗した告白教会の一群が一九三三年に出したデュッセルドルフ条項（正式名称は『教会の形態に関する神学的宣言』）という告白文書の冒頭に掲げられました。「キリストのみをかしらとする聖なるキリスト教会は、神の言葉から生まれ、そこに留まり続け、異なる者の声を聴くことをしない」（雨宮栄一訳『改革派教会信仰告白集Ⅵ』一麦出版社、二〇一二年）。

さらに一九三四年のあのバルメン宣言（正式名称は『ドイツ福音主義教会の現代の状況に対する神学的宣言』）もまた第一項でこう言い表すのです。「『わたしは道であり、真理であり、命である。わたしを通らなければ、だれも父のもとに行くことができない』（ヨハネ14・6）。『はっきり言っておく。羊の囲いに入るのに、門を通らないでほかの所を乗り越えて来る者は、盗人であり、強盗である。わたしは門である。わたしを通って入る者は救われる』（ヨハネ10・1、9）。聖書においてわれわれに証しされているイエス・キリストは、われわれが聴くべき、また、われわれが生と死において信頼し服従すべき神の唯一の言葉である。教会がその宣教の源として、神のこの唯一の御言葉の他に、またそれと並んで、さらに他の出来事や力、現象や真理を、神の啓示として承認しうるとか、承認しなければならないという誤った教えを、われわれは退ける」（雨宮栄一訳、前掲書）。

こうして「わたしの羊はわたしの声を聞き分ける」という主イエスの声を聴きながら、代々の教会は、十六世紀のスイスで、二十世紀初頭のドイツで、神のことば、キリストのことば以外には聴き従わないという決意を自らの告白として言い表したのです。

まことの羊飼いなる主イエス・キリストが私たちの名を呼んで、私たちを特定して、私たちを連れ出してくださるということは、このお方に養われる羊である私たちもまた、まことの羊飼いを特定して、この羊飼いに従っていくことを意味します。そこで要となるのが、羊たちが羊飼いの声を聞き分けるということでした。「聴く」ことと「従う」こと、それは一つの分かちがたい結びつきなのです。

しかし肝心の羊飼いの声が聞こえなければ、そして聞いても、それが羊飼いの声だと聞き分けられなければ、そこに従うということも起こりません。教会の中で、いつでも羊飼いの声がよく鳴り響き、よく通るようになっていなければ、そこに服従は起こらないのです。

今日の教会が、まことの羊飼いの声を鳴り響かせているか。人間のことばがそれをかき消し、覆い尽くしていないか。教会の真の牧者がイエス・キリスト以外の人間の権威にすり替わってはいないか。牧師がきちんと神のことばを取り次いでいるか。これらは決して馴れ合いの中に置かれてはならないものでしょう。

8　語られ、聴かれ、生きられる神のことば

説教における「聴き手」の存在の問題は、単に受け身としての存在の問題にとどまりません。聴いたみことばに服従し、そのみことばに生きるという積極的、主体的、能動的な応答がそこに起こってきます。

「牧会」ということばがあります。最近では、このことばのより厳密な言い方として「魂への配慮」という表現が使われることも多いようです。「牧会とは何か」ということは、それだけで論じるべき主題ですが、説教との関わりで言えば、語られ、聴かれた神のことばが、聴き手の生活の中で実を結んでいく過程に配慮し、その実がどのように結ばれていくかを見届け、そこに関わっていくこと、と言ってよいと思います。そこでは「説教と牧会」という並列の関係ではなく、説教との関わりの中に牧会が位置づけられるのです。

そうであれば、説教を語り終えたらその務めが終わるわけではないでしょう。説教壇の上でみことばを語った説教者は、説教壇を下りた後、聴き手たちの生活の中に一緒に生きる中で、その語られたみことばを聴き手たちがどのように受け取り、それによっていかに生きていくのか、その現場

に共に立つことが求められます。

私が最初に奉仕した西大寺キリスト教会の主任牧師、赤江弘之先生は、よく信徒を「訪問」する牧師でした。私にも、ことあるごとに訪問に行くようにと言われました。数週礼拝を休んだ方があると、週報などの配布物を持って訪ねるようにと指示されるのです。

正直に言って、私はこの「訪問」が大の苦手でした。病院のお見舞いなどであればまだしも、礼拝を休んだ信徒宅を訪れて、そこでどう振る舞ったらよいのかわからなかったのです。突然若い牧師に訪問されても、きっと相手も困るのではないか。ありがた迷惑なのではないか。訪ねる側がそう思っているぐらいですから、実際に訪問に行ってもつい遠慮がちになり、相手にもその遠慮が伝わるのか、何とも言えぬぎこちない空気になって、とりあえず週報の入った封筒を手渡し、型どおりのことばをかけて早々に失礼するということを繰り返していました。

けれども、やがて牧会が説教の務めの延長線上に位置づけられることを学んでからは、訪問することの意味や目的が自分なりに整理され、そうすると自分の振る舞いも一つの姿が見えてきたのです。

以来、訪問先ではその週の礼拝で開かれた聖書を読み、短い勧めをし、感想を分かち合い、共に祈りの課題を挙げて祈るようになりました。「当たり前のことではないか」と思われるでしょうが、私にとっては、みことばがその人の生活の中でどう生きられていくか、という視座に立った時に開かれてきた貴重な洞察によって結ばれた大切な実なのです。

9　分かち合われる神のみことば

みことばが聴き手たちの生活の中で実を結んでいく。そのためには聴き手たちが「確かにみことばを聴いた」という手応えを持って、みことばを受け取る経験が必要です。そしてそのためには、聴き手たちが単なる聴き手の立場にとどまることなく、自らもまた聴いたことばの「語り手」になることがとても大切なことだと教えられています。

私たちの教会では、毎月、最終週の礼拝の後で「シェアリングタイム」というプログラムを持っています。礼拝の後、そのまま四、五名ほどの小さなグループになって、その日、説教で聴いたみことばについて振り返り、自分が教えられたこと、心にとまったこと、疑問に感じたこと、納得したことなどを短く分かち合うのです。以前から同様の趣旨でより充実したプログラムを持っている教会があることを知っていましたし、説教や講演で招かれた他の教会での実践を経験したこともあって、それがとても意味ある取り組みであることはわかっているつもりでいましたが、自分が奉仕する教会ではなかなか踏み切れずにいました。

その理由は単純で、信徒の方々がそのような取り組みを肯定的に受け止められるだろうか、という憂いがあったからです。それまでにも、週日の祈禱会などの集まりの折に、その日に読んだみことばについて互いに分かち合うことがありましたが、「先生の話は難しい」、「感想といっても、どう言ったらよいかわからない」、「何か言わなくちゃと思うと緊張して、かえって集中してみことばが聞けない」などの声が多かったこともあり、私自身が消極的になってしまっていたのでした。

しかし、本当の理由はもっと深いところにあったように思います。それは私自身が、自らが語った説教を「神のことば」として手放すこと、明け渡すことができずにいたということです。説教についての分かち合いのことばが、そのまま説教者である自分自身への評価のように聞こえてしまうことへの恐れに囚われていたと言ってもよいかも知れません。

もちろん、聴き手たちから説教者と説教への批評の声が聞こえることは健全なことであり、また必要なことでもあるのですが、しかしその評価にあまりに囚われてしまっている自分を省みる時に、実は神のことばを語っている自分自身が、「神のことばの説教が神のことば」ということを信じていなかったのではないかと問われたのです。

神のことばを取り次いでおきながら、どこかで自分のことばとして握り締めたままにしてしまっている。確信を持って神のことばを語り終えたならば、もはや説教者の存在を通り抜け、切り離されて、聴き手に届けられた神のことばになっているはずです。にもかかわらず、説教者自身がそれを手放すことができずにしがみつき、その評価を自分への評価に結びつけてしまっている。そのことが、聴き手たちが自由にみことばを分かち合うことを妨げていたように思います。

そんな説教者としての内的な葛藤が振り切られたのは、ある時、教会の修養会にお招きしたキリスト者学生会の大嶋重徳先生が、ご自分の説教の取り組みについてお話しくださったことがきっかけでした。そこでは信徒たちが説教のことばを自分のことばで語り直すこと、それを分かち合うことがいかに大切なことかをあらためてお話しくださり、しかも説教者はその分かち合われる聴き手たちのことばの中に、新しい説教のことばを見出すのだと言われたのです。

この指摘を聞いて、私の中に決心がつき、それがその後のシェアリングタイムへとつながっていったのでした。

実際にこの取り組みをスタートしてみて、「やってよかった」というのが正直な感想です。当初は分かち合いといっても、他の話題についてのおしゃべりに費やされてしまうのでは、などと心配もしたのですが、それらは杞憂でした。毎月一度、二十分ほどの時間ですが、皆さんが自然にその日の説教についての感想を語り、教えられたことをことばにし、時には疑問に思うことを挙げたりもします。求道中の方もその輪に加わっていますが、その方が発する質問に他の誰かが答えて、それがまた新たな分かち合いを生むということも起こります。私も毎回、どこかの輪に加わりますが、そこでは私もみことばの聴き手の一人として、自分が教えられたこと、感じたことを率直に話します。互いに語ることばの中に説教のことばを見出し、聴き取る喜びを感じながら、同時にまたそこに届き得なかったことばにも気づかされ、それが次のみことばとの取り組みへとつながっていくのです。

老いも若きも、子どもたちも、求道者も信仰歴の長い方も、互いに自分が聴いたみことばを分かち合い、分かち合われたみことばを聴いてさらに教えられる。そのようにして「外からの声」であるキリストのみことばが、一人一人の「内側」にまで届き、さらにそれが一人一人のことばによって分かち合われていく。そこにキリストのことばを私たちに証ししてくださる聖霊の働きを認めることができるのは、教会にとっての大きな喜びです。

10　信徒によるみことばの奉仕

みことばの聴き手としてだけでなく、語り手としての信徒たちの存在の重要性ということを、さらに考えてみたいと思います。教職制度を持たないグループや信徒説教者が職務として確立している教派を別として、多くの教会では、信徒がみことばを語る機会は、ある程度、限定的なのではないかと思います。教会学校では、毎週子どもたちに向けて、信徒たちの口を通してみことばが届けられているのですが、主日の礼拝となるとどうでしょうか。

今の日本では、「無牧」の教会が増加傾向にあります。牧師の高齢化が進み、神学校の入学者が必ずしも多くない現状を思うと、ますますその傾向は強まっていくでしょう。そうであれば、みことばを説くための聖書や教理の学びと教会における実践の訓練を踏まえた「信徒説教者」の必要は大きくなっていくと予想されます。

そもそも各個教会において日常的に、信徒がみことばを語る機会がもっと増えることは、望ましいことではないでしょうか。教会で牧師がみことばを語る時は「説教」、信徒がみことばを語る時は「奨励」という区別がなされることが多いように思います。私もかつてはあまり意識なしにそのような区別をしていました。しかし、あるとき、加藤常昭先生のことばを聞いたのをきっかけにして、「説教」と「奨励」の区別は、誰が語るかという語り手の問題ではなく、それが語られる場の問題であると考え直すようになりました。

牧師が語るから「説教」、信徒が語るから「奨励」なのではない。礼拝におけるみことばの説き明かしが「説教」であり、「奨励」とは、そもそも「祈りの奨め」だったと教えられたのです。そして、信徒であっても教会がしかるべき手続きを踏まえてその人を礼拝の説教壇に立てるなら、そこで語られるのは「説教」だという主張に納得するところがありました。それ以来、教会の役員や神学生が礼拝でみことばを語る際には、それを「説教」と位置づけることにしたのです。

これは小さいことのようですが、教会にとっては大きな霊性の変化をもたらすものであったと思います。牧師がみことばを語ることも、信徒がみことばを語ることも、その固有な召命との結びつきにおいて、ある種の区別が存在するのは確かなこととはいえ、しかし根本的にいって、プロテスタント教会の教会論、職制論においては、みことばの奉仕が牧師と信徒によって担われ、そこに本質的な差異はないと理解することは十分に理にかなったことでしょう。これもまた、一人一人の存在を用いて語られることばが、まさに「神のことば」として語られ、聴かれるようになっていくという、聖霊論的な現実であると言えるのです。

私たちの教会は、これまでの歴史の中で二度、無牧の時代を経験してきました。その際、近隣の牧師たちの説教の応援によって助けられたのですが、それだけでなく、役員たちが順番に礼拝でのみことばの奉仕を担ったのです。二度目の無牧の時期は、私が招聘される直前のことでしたので、私が牧師として赴任した際に、役員の兄姉方は、「これでみことばの奉仕から解放される！」と笑いながら言われたものです。

それで私はこう言いました。「せっかくこれまでみことばの奉仕をしていたのに、牧師が来たからといってやめてしまうのはもったいない。ぜひこれからも機会を作りますから、この奉仕を担ってください」。その申し出に、皆さん困惑なさったようですが、それ以来、年に数回、説教奉仕を担当していただいています。そしてその説教がまことに「良い説教」なのです。信徒でなければ語り得ない説教といってもよいかも知れません。

日々生かされている現実の中で、聖書と取り組んで語られることばは、牧師にとってもまことに教えられることの多いものです。そしてそのようにみことばを語る兄弟姉妹たちがいることを、牧師として誇らしく思っています。

11　新しい話法

牧師も信徒も、みことばを語り、聴き、分かち合い、そのことばに生きる者とされていく。そのとき、教会の霊性にある変化が起こってきます。まず教会の中で語られることばに変化が起こります。それは微かな変化から始まり、しかも徐々に進んでいく変化ですが、しかしそれでも確実に変化が起こるところに、新しい聖霊の風が吹いていることを認めることができます。

その変化を的確に表現することは難しいのですが、一つ言えるのは、教会の中で交わされることばの変化です。そこに「本音」と「建前」の区別が起こらなくなった。あるいはそういう区別が前提とされるような話法がなくなった。信仰のことばは建前のことば、理想のことば、綺麗事のことばであるという、ある種の二元論的な前提がなくなっていったということです。

信徒たちや牧師同士の語り合いでも、こういった二元論的な話法は少なからず存在しているように思います。しばしば耳にする、教会について、信仰について、お互いについて、「本音で話そう」という呼びかけ。そこに前提とされる「建前」としての信仰生活。教会の中でも外でも、信徒同士、牧師同士が、ある事柄について、みことばに即して、あるいは信仰の道筋に沿って話すと、「そんな綺麗事を」と揶揄されるような経験を持つ方は少なくないのではないでしょうか。

しかし、教会の中で、日常的にみことばを分かち合う生活を重ねていく中で、お互いが交わすことば、それは教会会議の席であったり、食事の交わりの場であったり、何事かを話し合うミーティングの席であったり、泊まりがけのリトリートでのお風呂での会話であったりと状況は様々なのですが、ともかく、そこで交わされることばが、ごく自然体で、しかもみことばに沿ったことばへと変化していることを感じ取ることができるのです。

それは皆が模範的で理想的なキリスト者になったということではありません。一人一人が様々な課題を抱え、弱さを担い、罪との格闘の中に生きています。けれども確かなことは、そんな現実の真っただ中にみことばが入ってくる、この現実のただ中でみことばに聴いて生きる、そしてこの現実をみことばが変革していく。このようなみことばの力に信頼する心が与えられ、励ましを受け続けているという事実です。

いくら神のみことばでも、この自分の生きている現実には届かない、この過酷な日常の中には響かない。もし信徒たちがどこかで神のみことばへのあきらめを抱いていたとすれば、そこでまず問われるのは、説教者の責任でしょう。しかし神のみことばに聴き続け、それを分かち合い続け、みことばに生きていこうと互いを励まし合い続けていく時、まさに神のみことばこそが、この現実の中において何よりもリアルなことばであるという事実に気がつかされていく。そしてそのことばの外に、本音の世界があるというような淡い幻想から抜け出し、神のみことばによって生きていくという信仰のリアリティーに着地することができるのです。

こうして身に付いたことばは、互いを生かし、互いを励まし、互いを建て上げることばへと変化していきます。それは教会を建て上げることばを身に付けていくという経験です。律法によって枠付けられた窮屈なことばでなく、福音によって生かされる自由なことばです。そこには神への感謝のことばがあります。神への賛美のことばがあります。隣人を尊ぶことばがあり、隣人を励ますことばがあります。神にあって自らを肯定することばがあり、他者を喜ぶことばがあり、世界を喜ぶことばがあります。時には嘆きのことばもあります。怒りのことばもあります。時には互いの間で対立する考えを述べることばもあり、誰かの罪を指摘することばもあります。悔い改めのことばもあり、懺悔のことばもあります。

しかしそれらはすべて福音のことばを語り、聴き、分かち合われる中で身に付いた話法によって交わされることばであり、キリストの贖いによって新しくされた神の子どもたちによる話法なのです。それゆえに、そのことばは人を生かすことばであり、また自らも生きることのできることばです。そしてそのことばによって私たちのからだも育まれ、キリストのからだなる教会もまた、建て上げられていくのです。

第五章　主イエスのいのちに結ばれる喜び――洗礼

1　初めての洗礼式

教会に生きる喜びを何よりも実感する時。それは「洗礼」（バプテスマ）の時です。主イエス・キリストと出会い、救いにあずかり、罪赦され、神の子どもとされ、新しい人として生きるスタートを切った。当のご本人にとっての喜びであるのはもちろんのこと、そのような新しいいのちの誕生に立ち会い、新しい神の家族を迎える教会にとっても、これ以上の喜びはありません。洗礼式を執りおこなうたびに実感するのは、ルカによる福音書15章10節で主イエスが言われた「一人の罪人が悔い改めれば、神の天使たちの間に喜びがある」という天の光景です。

すでにキリスト者となっている方なら、ご自分の洗礼式のことをどのようにおぼえておられるでしょうか。洗礼を受けた日付やその日の天候、喜びと緊張の中で迎えた当日の朝の気持ち、洗礼の瞬間の水の感覚、こちらが戸惑うほどに、まるで自分のことのように喜んでくれる人々の顔や祝福のことば。そして心の底から溢れ出てくる救いの喜び。あるいは幼児洗礼を受けた方なら、自分の記憶にはないけれど、後の日になって知った親たちの祈り、教会の支えの大きさが、やがての信仰告白の時に思い起こされるのではないでしょうか。いずれにしてもそれぞれの記憶の中に刻まれた喜びの経験があるはずです。

私にとっての忘れられない洗礼式の記憶は二つあります。自分自身が洗礼を受けた十六歳のクリスマスのこと、牧師になって初めて洗礼を授けた二十五歳のイースターのことです。どちらも私にとっては「初めての洗礼式」。それぞれの記憶は鮮明に残っています。

私が洗礼を受けたのは、一九八四年一二月二三日のクリスマス礼拝でした。本来ならば牧師であった父が洗礼を授けてくれるはずなのですが、当時、父は癌の末期であったため浜松にあった聖隷三方原病院のホスピスで最期の時を迎えようとしていました。母もその看病に行っていたため、当日の礼拝では他教会の牧師が司式に来てくださり、祖母と兄姉妹たち、教会の皆さんに見守られての洗礼式でした。父に何とか自分の口で受洗の報告をしたいと願っていましたが、すでにその日から深い眠りに入った父にそれを伝えることはかなわず、それから一週間後、年末の主日の朝に天に召されていきました。それ以来、自分の受洗記念日を思い出すことは、そのまま天のみ国を仰ぐ時となっています。

初めて司式した洗礼式は、伝道者になって三年目、その三月に正教師の按手を受けたばかりで迎えたイースター礼拝でのことでした。中学二年生の女の子と七十代の婦人の二人が、その半年前ぐらいから洗礼に向けた準備を重ねていたのですが、私の司式によって洗礼を受けることをとても楽しみにして待っていてくれたのです。

最後の洗礼準備の学び会では、洗礼式当日の、まさに洗礼に臨む順番が話題になるほどで、結局、年長者からにしようということになって、七十代の婦人が最初の受洗者となりました。その二年前にこの方のお連れ合いを病床で信仰にお導きし、その後、葬儀を執りおこなったことがきっかけで始まった求道生活でしたから、私にとっても感慨ひとしおの洗礼式でした。こうして最初の洗礼式もまた天のみ国を思う時となったのです。

2　神の恵みのしるしと封印

洗礼は、「聖礼典」と呼ばれます。それは、主イエス・キリストの救いの恵みと新しいいのちを私たちにもたらすために定められたもので、プロテスタント教会では洗礼と主の晩餐の二つを数えます。

ここで聖礼典についての基本的な理解を、ハイデルベルク信仰問答に沿って確認しておきたいと思います。ハイデルベルク信仰問答は、私たちが信仰によってのみ神のみ前に義とされ、キリストとすべての恵みを受け取ることができると教えたのに続き、第六五問でこう述べています。「問　ただ信仰のみが、わたしたちをキリストとそのすべての恵みにあずからせるのだとすれば、そのような信仰はどこから来るのですか。答　聖霊が、わたしたちの心に聖なる福音の説教を通してそれを起こし、聖礼典の執行を通してそれを確かにしてくださるのです」（吉田隆訳『ハイデルベルク信仰問答』新教出版社、一九九七年）。

ここには大切なことが二つ述べられています。それは、信仰とは聖霊の働きによるということと、聖霊は説教を通して信仰を起こし、聖礼典の執行を通してその信仰を確かにするということです。パウロはコリントの信徒への手紙一12章3節で「聖霊によらなければ、だれも『イエスは主である』とは言えないのです」と言い、エフェソの信徒への手紙2章8節では「事実、あなたがたは、恵みにより、信仰によって救われました。このことは、自らの力によるのではなく、神の賜物です」と言っています。宗教改革者たちはこの信仰の道筋を、「私たちの外」（extra nos）でなされたキリストの贖いのみわざが、「私たちのため」（pro nobis）に与えられ、聖霊によって「私たちの内」（in nobis）に働くと教えました。

このように、聖霊は聖礼典の執行を通して、私たちの内に信仰を確かなものとしてくださるのですが、続く第六六問では次のように教えています。「問　礼典とは何ですか。答　それは、神によって制定された、目に見える聖なるしるしまた封印であって、神は、その執行を通して、福音の約束をよりよくわたしたちに理解させ、封印なさるのです。その約束とは、十字架上で成就されたキリストの唯一の犠牲のゆえに、神が、恵みによって、罪の赦しと永遠の命とをわたしたちに注いでくださる、ということです」。

ここで「神によって制定された目に見える聖なるしるしまた封印」との表現が、聖礼典の意義をよく表しています。聖霊は福音の説教によって信仰を与え、聖礼典によって罪の赦しと永遠のいのちの祝福を私たちの内に注ぎ、それらを封印してくださいます。この聖霊による証印の目に見える現れこそが、水の洗いである洗礼なのです。エフェソの信徒への手紙1章13節、14節に次のように教えられているとおりです。「あなたがたもまた、キリストにおいて、真理の言葉、救いをもたらす福音を聞き、そして信じて、約束された聖霊で証印を押されたのです。この聖霊は、わたしたちが御国を受け継ぐための保証であり、こうして、わたしたちは贖われて神のものとなり、神の栄光をたたえることになるのです」。

3　古い人が死に、新しい人が生まれる

洗礼において起こったこと、それは私たちの古い人が死に、キリストにあって新しい人に生きるということです。ローマの信徒への手紙6章4節で「わたしたちは洗礼によってキリストと共に

葬られ、その死にあずかるものとなりました。それは、キリストが御父の栄光によって死者の中から復活させられたように、わたしたちも新しい命に生きるためなのです」と言われ、同じく6節で「わたしたちの古い自分がキリストと共に十字架につけられたのは、罪に支配された体が滅ぼされ、もはや罪の奴隷にならないためであると知っています」と言われるとおりです。

宗教改革者ルターは、小教理問答書の中で洗礼の意味をこう述べています。「これは、私たちのうちにある古いアダムが日毎の後悔と悔い改めによって溺れさせられ、すべての罪と悪い欲と共に死んで、逆に日毎にそこから出て、新しい人として復活して、神の前での義と清さのうちに永遠に生きるようになる、ということだよ」（ルター研究所訳『エンキリディオン　小教理問答』リトン、二〇一四年）。

「溺れさせられ」て「死ぬ」とは大胆な表現ですが、しかしそこには洗礼というものの核心が言い表されています。そこには中途半端はありません。古い人が完全に死に、そして新しい人として完全に生かされる。そういう新しい人としての生き方があるのだと聖書は語るのです。

私たちはどこかで自分の人生をリセットできたら、と思うことがあります。過去をなかったことにして、一からやり直したい。そんな願いを持つことがあります。若い日には、もしかしたら可能なのかも、と淡い期待を持つことがあるかも知れない。けれども人生の日々を重ねるほどに、そんなことはとうてい無理であることをひしひしと実感し、あきらめの中に身を沈めていく。そんな期待は持つものではない。あきらめていくしかない。そう自分に言い聞かせながらも、しかしどこかでなおあきらめきれない思い、新しい人として生きたいという願いが私たちの中には残るのです。

作家の大江健三郎さんが『「新しい人」の方へ』（朝日新聞社出版、二〇〇七年）というエッセイの中で、パウロがエフェソの信徒への手紙6章で語った「新しい人を着る」ということばを引きつつ、こんなことを語っています。あの九・一一のアメリカ同時多発テロを目の当たりにし、混沌とした闇の深まる時代の中で、未来に向かって生きる若い人々に向けて、「敵意を滅ぼし、和解を達成する『新しい人』になってください。『新しい人』をめざしてください。『新しい人』になるほかないのです」と。

しかし大江さん自身はこうも言うのです。「そんなにいうのなら、自分で『新しい人』になったらいい、という反撥が、あなた方の心にわくかも知れません。そのとおりです。しかし、私はもう老人の年齢まで生きて、自分は古い人だった、『新しい人』になれなかった、と思い知っています。私が一昨年、九月一一日のニューヨークのテロのテレヴィ画面を見ながら考えていたのは、まさにそのことでした」。

ある意味で、まことに大江さんらしい誠実なことばであると思います。その一方で、私がこのことばに触れて思い起こしたのは、ヨハネによる福音書3章における主イエスとニコデモとの対話でした。「人は、新たに生まれなければ、神の国を見ることはできない」と言われた主イエスに向かって、ニコデモは問い返します。「年を取った者が、どうして生まれることができましょう」。それに対して主イエスは重ねて言われるのです。「だれでも水と霊によって生まれなければ、神の国に入ることはできない」と。

もちろん大江さんのことばがニコデモと同じだというわけではありません。戦争の悲惨さと平和の尊さを身をもって経験した自分たちの世代が、今なお敵意を滅ぼし、和解を達するに至っていないという悔悟を込めたことばです。それでも、主イエスが語り、パウロが語った「新しい人」とは、私たちが新しく「なる」のでなく、新しく「される」ということでしょう。それは人間の努力や知恵、あるいは経験の蓄積によって新しくなるものでなく、聖霊によって新しくされるものなのです。

4　主イエスのいのちに結び合わされる

ローマの信徒への手紙6章は、洗礼の恵みについて教える重要なみことばで、そこで繰り返し用いられる表現に「キリストに結ばれる」、「キリストと一体になる」という言い方があります。3節、4節では「それともあなたがたは知らないのですか。キリスト・イエスに結ばれるために洗礼を受けたわたしたちが皆、またその死にあずかるために洗礼を受けたことを。わたしたちは洗礼によってキリストと共に葬られ、その死にあずかるものとなりました。それは、キリストが御父の栄光によって死者の中から復活させせられたように、わたしたちも新しい命に生きるためなのです」と言われ、5節では「もし、わたしたちがキリストと一体になってその死の姿にあやかるならば、その復活の姿にもあやかれるでしょう」と言われています。

洗礼において起こる古い人の死と新しい人の復活が、ここではキリストの死と復活に結び合わされ、一体となると表現されています。キリストと共に古い罪の自分に死に、キリストと共に新しく神の子どもとして生きる者とされる。それは生涯においてただ一度起こる決定的な出来事です。ここに、キリストに結び合わされて生きる、新しい人生の始まりのしるしがあるのです。

ここで「結び合わされる、一体になる」と訳されたことばは、他の翻訳では「接ぎ合わされる」と訳されていますが、新約聖書の中でここに一度だけ出てくることばで、「一緒に」、「共に」という前置詞と、「植える」という動詞が合成されてできたことばです。パウロはここで洗礼の恵みを教えるにあたって植物のイメージを用いながら、しかも台木の上に種の異なる挿し木を接ぎ合わせて成長を促進させる「接ぎ木」のイメージを用いながら、そこに主イエス・キリストと私たちとの間に生まれるいのちの交わりを生き生きと描き出しているのです。

ウェストミンスター小教理問答も、第九四問でこう教えています。「問　洗礼とは何ですか。答　洗礼とは、父と子と聖霊の御名による水の洗いが、わたしたちがキリストに接ぎ木されること、恵みの盟約の恩恵にあずかること、また、主のものになるというわたしたちの約束を、表示し、証印する聖礼典です」（袴田康裕訳『ウェストミンスター小教理問答』教文館、二〇一五年）。

洗礼を受けるとは、キリストという台木に私たちが接ぎ合わされ、そこから水分や養分といったいのちの養いを受け取り、台木にしっかりと結び合わされながら成長していく、そのようないのちの営みの始まりです。ジョン・マレーという神学者は「バプテスマは、彼〔キリスト〕の死、葬り、および復活におけるキリストとの結合を意味するのである。……この結合のしるしと証印はバプテスマである。したがって、バプテスマが意味する関係は結合という関係であり、キリストとの結合ということこそ、その根本的、中心的な意義なのである」（田辺滋訳『キリスト教洗礼論』新教出版社、一九六二年）と言っています。洗礼において示された古い人に死に、新しい人に生かされる恵みは、キリストとの結合の現れです。

5　キリストのからだに結ばれる

洗礼の中心的な意義が「キリストとの結合」にあることをおぼえる時、洗礼が単に「主イエス・キリストと私」という一対一の関係に終始するものでなく、「教会のかしらなる主イエス・キリストと、そのからだである私たち」という教会の交わりの関係にも及ぶことを教えられます。教会によっては「洗礼式」といわず、「洗礼入会式」というところもあるようですが、洗礼が教会に属するしるしであることは、もっと強調されてよいことでしょう。

かつて、こんな経験をしたことがありました。一人の姉妹が信仰に導かれ、洗礼を受ける備えを始めました。準備が進んでいよいよ具体的な洗礼の日が近づいてきたある日、彼女が私にこんな質問をしてきたのです。「洗礼式は日曜日の礼拝でしなくてはいけませんか？　できたら誰もいない時に、一対一で洗礼を授けてほしいのですが」。

どうしてそんなことを言うのだろうかと訝しく思い、その理由を聞いてみると、教会の皆が見ている前で洗礼を受ける姿を見せるのが恥ずかしい、というのです。それで、あらためて洗礼の意味をおさらいし、教会の礼拝において執りおこなわれることがどれほど大切か、また教会の皆が、あなたの洗礼の時をどれほどに心待ちにしているかをお伝えし、何とか納得してもらいました。

そして迎えた洗礼式の当日。なんと彼女は自分の家族や友人たち、幼稚園のママ友だちなどを大勢誘って来たのです。その日の洗礼式と礼拝が大きな喜びに包まれたことは言うまでもありません。

主イエスはヨハネによる福音書15章で、ご自身をぶどうの木、私たちをその枝、と言われました。洗礼はこのぶどうの木に接ぎ合わされ、キリストという幹につながれて、教会の交わりに加えられることなのであって、決して私たちは一人で信仰の道を進むのではないのです。洗礼を受ける。それは教会というキリストのからだに属し、その交わりの中で養われ、生かされることを意味します。

6　一つの決断をもって

私たちの教会では、半年から一年ほどの信仰入門の学びを経て洗礼を志願された方とは、全部で六回ほどの準備クラスを持つようにしています。そこでは洗礼を受ける意味、信仰の確認に続いて、キリスト者として生きる上での個人の生活、社会の生活、教会の生活のあり方について具体的なことを学んでいます。

その中でも特に重視するのが、この国でキリスト者として生きていく上で直面する課題についての学びです。例えば他宗教や様々な習俗、儀礼との関わり方、主の日の礼拝を大切にするライフスタイルと労働との関係、キリスト者としての社会参加や政治との関わり方、結婚、子育てなどの価値観など、内容も多岐にわたります。

どれもこれも、一筋縄ではいかない難しいテーマばかりですが、さりとてうやむやのまま、曖昧にはできない大事なものです。そこで私が牧師として繰り返し申し上げるのは、洗礼を受けるということは、イエスが主であるとの信仰を告白すること、というシンプルなことばです。これまでの人生においては、あなたが自分自身の人生の主であったが、これからは違う。これからはあなたの人生の主はイエス・キリストになる。それを表明するのが洗礼です、と申し上げるのです。

洗礼を受けるということには一つの決断が伴います。いつのまにか、知らず知らずのうちに、気がついたらキリスト者になっていたということはあり得ない。特にこの日本という国でキリスト者として生きること、これからの時代にキリスト者として生きることは、これまで以上の困難な道を行くことになるでしょう。

私たちはかつてこの国の教会、キリスト者の多くが、イエスが主であるとの信仰告白を貫くことができなかったという負の遺産を受け継いでいます。悔い改めて新しいいのちに生きる歩みを始めるほかないのです。そこではあらためて一人一人の信仰者の告白が問われ、また教会の姿勢が問われます。洗礼を受けるということが持つ意味の重さを受け取り直すようにと促されているのではないでしょうか。

7 「たかが」と「されど」

洗礼を受けてキリスト者になる。この一つの決断は、時に本人と、その周囲にある人との間に少なからぬ波紋を及ぼすことがあります。受洗を喜んでくれる人々がいる一方で、それに反対し、怒り、悲しむ人々がいるという現実に直面させられることもあるのです。

実際に、洗礼を受けるということがきっかけで親子の関係や夫婦の関係が悪化したという経験をお持ちの方は少なくありません。今でもお連れ合いの反対を受けながら礼拝生活を続けているという方もいます。洗礼を受けたいけれど、親の反対があってその時を忍耐強く待ち続けているという若者もいます。信仰の世界の外側から見れば、「だから宗教は恐ろしい」という印象になるでしょうし、「たかが儀式にそんなにこだわる必要はないのではないか」、そんな声が外から、内から聞こえてくることもあるでしょう。

けれども洗礼は「たかが儀式」と片付けられるものではありません。ことは自分自身の生き方の問題、真理に関わる問題となってくれば、そう乱暴に扱うことはできず、多くの忍耐と知恵、配慮と時間、そして祈りと、何と言っても聖霊の助けが必要です。家族や周囲の人々に十分に礼儀を尽くし、理解を求め、その上で、自分自身の信仰のあり方をきちんと表明し、その筋を通す。そうして一つの決断のもとに歩む人のことを他人はそう簡単に蔑むことはできないはずです。

たとえその生き方に対して、すぐに周囲からの賛同や理解は得られずとも、真実なものを握って、真摯にその道に生きようとする姿には、ある説得力が生まれるものです。むしろ、その道を歩むことを最初から曖昧にしてしまい、どっちつかずによろめいて、いつも風向きを気にしながら進むなら、人々はその生き方に信頼を寄せることはないでしょう。聖霊の助けを求めて、弱い私を支えてくださいと祈りつつ、嵐の湖を共に進んでくださる主イエスのお姿を仰ぎ続けたいと願うのです。

一人の壮年の男性が洗礼を受ける時のことです。彼は熱心なキリスト者であるお連れ合いの祈りがあって教会に来るようになり、ついに信仰を告白し、洗礼を受けることになったのですが、その前に解決しなければならない一つの課題がありました。それは、彼が若い頃から大変お世話になった人の勧めで、ある新興宗教団体に入っていたのです。

熱心な信者であったというよりも、世話になった方への恩義もあって入会していたようなのですが、キリスト者になるにあたって、その団体を抜けることを決心し、その手続きを進めることになっていました。私は何度か彼とやりとりする中で、本当にその決心を貫けるだろうかと少し心配があったのですが、自分でちゃんとするから、という彼の話を信用することにしていました。

いよいよ洗礼式を翌日に控えたある土曜日のことです。教会に電話があり、すぐに来てほしいという慌てた声でした。そこで自宅に伺うと、彼がうろたえた顔で「明日の洗礼式を取りやめたい」というのです。理由を聞けば、その世話になった方に、くだんの宗教団体を抜けたいと伝えたところ、たいそう怒り、それならこれまでの縁を切ると言われた、というのです。

私は内心「予想が当たってしまったか」と思いながら、彼の真意を確かめることにしました。一緒に祈り、語り合ううちに落ち着きを取り戻し、一時間ほど経った頃には、やはり自分の信じた道を行きたい。もしその方との関係が切れることになったとしても、それはしょうがない。予定どおり、明日洗礼を受ける、と言ったのです。

それから、その方に再び電話をかけて、私から事情を説明し、電話口で怒鳴り散らす声に頭を下げながら、彼の信仰の決断を尊重してほしいとお願いするうちに、相手から電話が切られました。彼にとっては大きな決断だったと思います。しかしそのやりとりの後の彼の顔には、最初の時の動揺の影はなく、むしろ確信に満ちた落ち着きが見えました。そして彼は洗礼を受け、その後、最愛のお連れ合いを天に送り、今は一人で暮らしながら、教会の家族の一人としての歩みを続けています。

「たかが」洗礼、でも「されど」洗礼です。人生の新しい誕生日を迎えたなら、そこからは逆戻りの道はありません。ひたむきに一歩一歩、前に向かって進むのみです。その道を主イエス・キリストが共に歩んでくださるのです。

第六章　主イエスのいのちにあずかる喜び――主の晩餐

1　ティベリアス湖畔で

「さあ、来て、朝の食事をしなさい」。ヨハネによる福音書21章が記す、ティベリアス湖畔での、よみがえられた主イエスと弟子たちとの早朝の食事の場面です。

初めて主イエスと出会い、「わたしについて来なさい」と招かれた時のことを思い起こさせるかのような、夜通しの漁に勤しむ弟子たちの姿。そんな彼らを待つようにして、湖の岸辺にはよみがえりの主イエスのお姿がありました。そして、漁を終えて舟から上がってくる弟子たちを、主イエスは朝の食事を用意して迎えてくださいました。21章13節がこう記すとおりです。「イエスは来て、パンを取って弟子たちに与えられた。魚も同じようにされた」。

十字架を前にしての最後の晩餐と、復活の後の朝の食事。この二つの食卓の光景はまことに印象的です。そこでは「食する」ということの深い意味が示され、しかも単なる食事以上のことが起こっているのです。

このティベリアス湖畔の光景は、かつて弟子たちが経験したもう一つの出来事とも響き合います。ヨハネによる福音書6章1節から15節に記された、湖の向こう岸での五千人の給食の出来事です。弟子たちの目の前にいるおびただしい数の群衆。彼らはみなお腹を空かせて食物を必要としている人々です。その群衆を前にして、ルカによる福音書9章13節では主イエスが弟子たちに「あなたが彼らに食べ物を与えなさい」と言われる。弟子たちは、おそらく手持ちのお金を計算し、群衆の数を数え上げ、どれだけのものを調達したら彼らの空腹を癒やすことができるかと一所懸命に考えたはずです。

しかしその計算の行き着いた先は、自分たちの力ではどうやっても彼らの飢え渇きを満たすことができないという現実でした。彼らはその現実の前にうちひしがれ、自分たちの無力さをいやというほど味わったに違いないのです。

二〇一〇年の四月から、朝拝でヨハネによる福音書の講解説教に取り組みました。そこで語られた全九十七回の説教原稿が、教会のホームページに掲載されているのですが、その中で一回だけ欠けている箇所があります。二〇一一年三月二〇日の礼拝です。この日は、あの東日本大震災が起こってから二度目の日曜日で、6章1節から15節からの説教でした。

実はこの日、私はいつもしているような説教の準備をすることができず、小さなメモを一枚だけを手に説教壇に立ちました。牧師になって初めてのことです。震災直後から動き出した支援活動に従事するようになり、その週も月曜日から東北と東京を行き来する日々が続いて、土曜日の深夜にようやく教会に帰り着き、くたくたに疲れ果てたまま、途方に暮れる思いで聖書を開いたことを思い起こします。そこで聖書を読み、祈るうちに、弟子たちの感じた途方に暮れるような思いを身にしみて味わいました。しかし、それ以上に、私たちの飢え渇きを真に満たすことができるのは、ただ主イエス・キリスト、この方だけなのだということを深く教えられた忘れられない経験です。

2　回復の食事

ティベリアス湖畔での朝の食事に連なる弟子たちは、いやがうえにも、あの十字架の前の最後の晩餐の席を思い起こしたことでしょう。「これはわたしのからだ」、「これはわたしの血」と言って差し出されたパンとぶどう酒をもって、主イエスは「食べよ」、「飲め」と弟子たちに迫られます。その席上でイスカリオテ・ユダの裏切りが予告され、シモン・ペトロの三度の否認も予告される。そしてルカによる福音書22章32節で「わたしはあなたのために、信仰が無くならないように祈った。だから、あなたは立ち直ったら、兄弟たちを力づけてやりなさい」とまで言われたのです。

弟子たちからすれば、自分たちはそれほどに信頼されていないのかと、愕然とするようなことばであったかも知れませんが、実際にその後の成り行きは、主イエスの言われたとおりになっていきました。食事の後で出かけていったゲッセマネの園で、主イエスはユダの裏切りによって捕らえられ、夜通しの裁判の傍らで、ペトロは主イエスを三度も否み、そして主イエスの十字架に至っては、弟子たちは離散していくのです。

それから三日目の主イエスのよみがえりがあり、そして迎えたティベリアス湖畔の朝です。主イエスを裏切り、主イエスを置き去りにして逃げた自分自身のふがいなさ、失意と挫折感の中に、本来なら主イエスにとても顔向けなどできないと思っていた弟子たち。しかしその彼らを主イエスは再び食事に招かれるのです。人間を捕る漁師とされた弟子たちが、再びその召しに生きる者となるために、主イエスは彼らを回復させられる。人が挫折から癒やされ、回復させられ、再び立ち上がらせていただくために必要な、愛に満ちた配慮を見るのです。

弟子たちの中でも人一倍気まずさをおぼえていたのは他ならぬシモン・ペトロでしょう。しかしそんな彼もまたこの食事に招かれ、そしてその食事を終えて、あのヨハネによる福音書21章15節からの主イエスとの印象深いやりとりが始まるのです。「食事が終わると、イエスはシモン・ペトロに、『ヨハネの子シモン、この人たち以上にわたしを愛しているか』と言われた」。

このやりとりが始まる前に、まず主イエスがシモン・ペトロと朝食を共にします。あれやこれやと事情を問い質すでもなく、どうしてあんなことをしたのかと責めるのでもなく、あたかも何ごともなかったかのようにして、主イエスはペトロに「さあ、来て、朝の食事をしなさい」と声をかけられたのでした。

3　食することの牧会的な意味

教会は、共に食事をすることを大切にします。一緒に食べることで私たちの心が開かれ、互いの間の距離が近づけられます。レストランのようなメニューの多彩さや、グルメを唸らせる豪華さ、美味しさが問題なのではありません。一緒に食卓を囲むところに、教会の「交わり」（コイノニア）の姿が現れるのです。

教会で共にする食事にまつわるエピソードには事欠きません。子どもの頃に食べた日曜日のお昼のカレーの味は今でも忘れられないものです。うどんも教会のお昼の定番メニューでした。週替わりで数種のランチが出る教会もありましたし、カップラーメンをみんなですするという教会もありました。元旦礼拝の後のお汁粉や、イースターやクリスマスなどの持ち寄り愛餐会、みんなで食べる楽しさは格別なものがあります。

私たちの教会では、赴任当初、一緒に食事をする機会がさほどありませんでした。かつては毎週のように愛餐の時があったそうですが、その後、様々な経緯の中でその習慣も途絶え、礼拝が終わると皆、家路に着いていくのです。それからしばらくして、一人の婦人が私のところに来て、「先生、やっぱりお昼をみんなで食べましょう。交わりが必要です。私たちが準備をしますから、ぜひまた一緒に食事をしましょうよ」と申し出てくださいました。私は喜んでそのお申し出を受けることにし、ただし準備があまり負担にならないように、「メニューも調理も手抜きをしましょうね」とお伝えしました。それ以来、炊飯器にお米と一緒に混ぜるだけの簡単な炊き込みご飯の昼食がスタートしました。もちろんそれでも食事の支度に朝からやってくる方々の労はあるのですが、ともかく毎週の昼食が再開されたのです。

効果はてきめんでした。若者も、年配者も、大人も、子どもも、みんなで一緒に食卓を囲み、大家族のようにして食事をする。ただそれだけのことなのに、喜んで食事の場につく方々が増えていったのです。いつも一人で食べているから、みんなと一緒だと何倍も美味しいという独り暮らしの方、何杯もおかわりをする食べ盛りの中高生たち、果たして話がかみ合っているのかな、と訝しく思いながらも、年配の方と孫のような青年が語り合う姿、初めて礼拝に出席された方にも「お昼ご飯を一緒にどうぞ」と気軽に声もかけられて、そこで深い話になったりもして、互いの間の大切な交わりの場となっていったのです。

牧師館の食卓も貴重な牧会の現場です。そこで思い起こすのは宗教改革者ルターの『卓上語録』です。ルター家の食卓には神学教授、牧師たち、ルターの家に寄宿していた学生たち、さらに各地で福音主義の信仰に転じたために追放されてルターのもとに身を寄せた聖職者や修道女たちの他、その時々の訪問客たちが集まり、「何か変わったことがあるかな？」とのルターの呼びかけを合図に時事問題、家庭内のこと、神学的なこと、教区や教会のこと、信徒たちのこと、政治の事柄などを様々に語り合ったといいます。

私が生まれ育った食卓も、八人家族にいつも誰かしらが加わって、食事をしながら牧師であった父親が話題を提供し、それを巡って語り合う、そんな空気がありました。幼いながらも、そんな大人たちの会話の中に身を置くことが何ともいえず心地良かったことを思い出します。後になって同じ出身教会の先輩牧師から、大学生の頃、父にこっぴどく叱られたりした後で、よく「食事をして行きなさい」と促されて牧師館に行ったという話を聞かされました。あの食卓が、そんな牧会の場であったことを知ったエピソードです。

我が家も食卓のテーブルだけは大きなものにしました。日曜日の夕拝を終えて、神学生や青年たちを食事に招き、そこで様々に語り合い、悩みを聞き、祈りをもって締めくくる。ここにも食することの牧会的な意味があることを実感しています。

4　主の晩餐の恵み

これまで、信仰の営みにおける「食べること」の恵みに触れてきました。それらの延長線上にありながら、しかしこれら「食べること」一般とは明確に区別される、特別な意味を帯びた食事。それが「主の晩餐」です。

そこで、主の晩餐が意味するところをコリントの信徒への手紙一11章23節以下で確認しておきましょう。「わたしがあなたがたに伝えたことは、わたし自身、主から受けたものです。すなわち、主イエスは、引き渡される夜、パンを取り、感謝の祈りをささげてそれを裂き、『これは、あなたがたのためのわたしの体である。わたしの記念としてこのように行いなさい』と言われました。また、食事の後で、杯も同じようにして、『この杯は、わたしの血によって立てられる新しい契約である。飲む度に、わたしの記念としてこのように行いなさい』と言われました。だから、あなたがたは、このパンを食べこの杯を飲むごとに、主が来られるときまで、主の死を告げ知らせるのです」。

ここでパウロが用いる「伝えた」、「受けた」とは、初代教会における伝承の受け渡しを示す大事な用語です。そしてこのことば遣いが示すように、初代教会の時代から今日に至るまで、教会は主イエス・キリストの十字架の死を記念し、そこに込められた救いの新しい契約を表す礼典として、主の晩餐の礼典を守りおこない続けているのです。

それにしても、あの礼拝で配られるパンと杯に、いったいどれほどの意味が込められているのでしょうか。私たちの教会でも、月に一度、主の晩餐の礼典が執りおこなわれますが、必ずと言ってよいほどに繰り返される光景があります。オルガン奏楽が鳴り響く中、配餐者たちによってパンと杯が配られる。その時、礼拝堂中に響き渡る「僕も食べたい！」、「あたしも欲しい！」との叫び声と、幼子たちの手から何とかパンと杯をガードしようとする親たちの攻防です。

微笑ましいと言えばそうなのですが、子どもたちからすれば、あんな小さなパンと杯を大人たちがうやうやしく口にする姿を見れば、きっとそれは自分たちが今まで味わったこともない素敵なものに違いないと想像することでしょうし、そうであればなおのこと、どうしてそれが自分の口に入らないのか理不尽さに身をよじらせるのもよくわかります。

かくいう私も、幼い頃の苦い思い出で、土曜日の晩に主の晩餐の準備をする母について行き、教会の台所で杯にぶどう酒（当時は赤玉ワインだったようです）を注ぐ姿をじっと見ていたことがあります。ちょうど私の目の高さがカウンターとほぼ同じだったこともあり、目の前のガラスの杯に一杯ずつぶどう酒が注がれていくのを目の当たりにしながら、その色と香りにすっかり魅せられてしまい、母が少し場を離れた隙に、一つのグラスを手にとってそのままゴクリと口に入れたのです。母が戻ってきて、空になったグラスと目を回している私の姿を見て、こっぴどく叱られたことを今でもありありと思い出すのです。

それはともかく、肝心なことは、パンと杯が指し示す意味でしょう。それが明確にされることがなければ、ただの飲み食いになってしまいます。主の晩餐が指し示すもの。それはイエス・キリストの死とよみがえりによって、私たちのために勝ち取ってくださった新しいいのちに生かされ、養われるという恵みの現実です。

ヨハネによる福音書４章14節で、主イエスは井戸の傍らで出会った女性に言われました。「わたしが与える水を飲む者は決して渇かない。わたしが与える水はその人の内で泉となり、永遠の命に至る水がわき出る」。また五千人の給食の奇跡の後に、６章35節ではこうも言われました。「わたしが命のパンである。わたしのもとに来る者は決して飢えることがなく、わたしを信じる者は決して渇くことがない」。

主の晩餐において、私たちはこのイエス・キリストのもとに来て、主が差し出してくださるいのちの養いにあずかります。ひとかけらのパンと小さな杯ですが、そこに現れるのは生けるキリストご自身です。このキリストのいのちによって私たちは、渇きを癒やされ、飢えを満たされ、新しいいのちに生き続けることができるのです。

5　キリストの現臨のリアリティー

こうしてあらためて考えてみると、主の晩餐とは実に不思議なものです。あのパンが「キリストの肉」、あの杯が「キリストの血」だというのですから。古代教会の時代には、主の晩餐は信者だけの閉じた集まりで執りおこなわれたそうです。いったいそこで何がおこなわれているのかと扉の前で耳をそばだてていた人が「からだを食べよ、血を飲め」という声を漏れ聞いて驚き、「キリスト者たちは人肉を食している」と噂が立ったという、笑うに笑えないエピソードがあったと聞いたことがあります。しかし、それほどまでにキリストのリアリティーをおぼえてきたのが、主の晩餐の歴史でもあったのです。

宗教改革の時代、ローマ・カトリック教会との間で、また宗教改革者同士の間で、最もホットな議論になったのが主の晩餐においてキリストはどこにおられるのかというテーマでした。しばしば類型的に言われるのが、カトリック教会の「化体説」、プロテスタント教会ではルター派の「共在説」、ツヴィングリの「象徴説」、そしてカルヴァンの「霊的現臨説」と呼ばれるものです。それぞれの詳しい説明は他に委ねるとして、ともかくその焦点となったのは、あのパンと杯と、キリストご自身とにどのような関係があるのか、ということでした。

コリントの信徒への手紙一11章や、マタイ、マルコ、ルカの共観福音書が描く最後の晩餐において、主イエスはパンを「取って食べなさい。これはわたしの体です」、「この杯から飲みなさい。これはあなたがたのために流されるわたしの血です」と言われました。カトリック教会の教えでは、文字どおりパンはキリストのからだ、ぶどう酒はキリストの血に「実体的に」変化するとされます。

ルター派においては、パンはパンであり、ぶどう酒はぶどう酒であるけれど、みことばの約束のゆえにパンとぶどう酒「と共に」、「の中に」、「のもとに」キリストが臨在されると教えられます。ツヴィングリは、制定辞の「からだである」、「血である」とは、「象徴する」、「意味する」ということであって、あくまでも主の晩餐はキリストの「想起」であるとしました。ルター派とツヴィングリ派の間で聖餐論を巡って争われた「マールブルク論争」（一五二九年）がその消息を明らかにしています。

これに対してカルヴァンは、ルターと同じく主の晩餐におけるキリストの現臨を主張しつつ、そこに聖霊の働きの重要さを見て、十字架と復活を経て天へと挙げられたキリストが、「聖霊」において今ここに現臨されると教えました。

神学議論としてだけ見れば、これらの説の違いにどれほどに大きな意味があるのか、ピンと来ないということがあるかも知れません。しかし主の晩餐の問題は、私たちがキリストを今、どのように信じるのか、という信仰のリアリティーに関わってくる大事なテーマなのです。

宗教改革者たちは、当時のローマ・カトリック教会のミサ聖祭を聖書から逸脱したもの、偶像礼拝的なものとして斥け、新しい礼拝を造り上げていきました。そこで礼拝の中心に据えられたのは神のことばの説き明かしである説教でした。特にツヴィングリの流れを汲む教会では、説教中心の礼拝が重視され、礼拝式文も極めて簡素なものとなっていきます。これに対してブツァーやカルヴァンは、礼拝における説教と共に、主の晩餐を重んじました。説教も主の晩餐も、そこにキリストが現臨されるからです。

ジュネーヴの改革に取り組んだカルヴァンが、その最初の仕事として準備した一五三七年の教会規則において、主の晩餐が毎主日の礼拝で執行されるよう定めたことも意味深いことです。実際にはジュネーヴ教会での主の晩餐執行は年四回程度でした。それでも礼拝の中心に説教と主の晩餐が据えられたこととの意味はよく心に留めておきたいものです。

説教も主の晩餐も、そこで差し出されているものは、生けるキリストご自身であり、このキリストの現臨こそが礼拝を成り立たせ、説教を成り立たせ、主の晩餐を成り立たせています。

6　キリストを食べ、キリストを飲むということ

主の晩餐の礼典を執行するたびに心に響くのは、「取って食べなさい」、「この杯から飲みなさい」と言われた、主イエス・キリストの命令形の響きです。新約聖書のことばを直訳すれば、「取れ」、「食らえ」、「飲め」という感じでしょうか。そこには主イエスの強い迫りがあるのです。

この主イエスの命令形を初めて意識させられたのは、今から二十五年も前の神学校の卒業式の礼拝でした。当時、母校では卒業式に先だって学内での礼拝がささげられ、主の晩餐が執りおこなわ

れるという伝統がありました。こうして迎えた卒業式の日は、朝から大変な荒れ模様となり、強い雨風の中での礼拝となりました。この時、司式をした学長が、主イエスの命令形に込められた私たちに対する迫るほどの愛を説きながら、「取れ」、「食らえ」、「飲め」と語ってパンと杯を差し出したのです。これは私にとって強烈な印象でした。主イエスの愛の迫りをこれほどにリアルにおぼえたことは初めてのことでした。それ以来、主の晩餐に臨むたびに、主イエスの命令形に込められた愛の迫りをおぼえさせられるのです。

なぜ主イエスは「食べる」、「飲む」という行為をもってご自分を差し出されたのだろうかと考えます。「食べること」、「飲むこと」は、私たちが生きるために必要な、最も根源的な営みです。それなしには生きることができない、いのちを支えるためになくてならない行為です。そのいのちの営みにおいてご自身の恵みを私たちに伝えようとなさったところに、主の晩餐の中心があると言ってもよいでしょう。

キリストを食べなければ生きていけない、キリストを飲まなければ生きていけない。私たちが生きるための根源的なところでキリストに結びつけられ、キリストのいのちに養われ、そうして私たちが生きる者となる。主の晩餐が表しているのは、それほどの切なるいのちの養いです。

さらに、「食べること」、「飲むこと」は、私たちの日常と結びついた経験であり、決して抽象でなく、疑う余地のないほどにはっきりとからだに刻まれるいのちのリアリティーです。「日毎の糧を今日も与えたまえ」と祈りながら、そして食前の感謝の祈りをささげながらも、目の前に備えられた食卓を、神が与えてくださった恵みの賜物として受け取ることを忘れ、自分の手で勝ち取ったものであるかのように考える私たち。すべてのものは神から来ると信じていながらも、生かされているいのちの尊さを忘れ、与えられたもので満ち足りることができず、神の恵みに不足があるかのように、不平や不満を抱く私たち。キリストの救いの恵みにあずかっていながら、十字架だけでは不十分のように思ったり、赦しの確かさを疑ったり、救いの喜びを忘れてしまいやすい私たち。

そんな恵みに疎い私たちに、これ以上ないほどの確かな仕方で、キリストの恵みをこのからだに刻みつけてくださるために、主イエスは私たちにご自身のからだを差し出し、「取れ」、「食らえ」、「飲め」と迫ってくださるのではないでしょうか。

主イエスが裂かれたパンは、いつも彼らが食べていたパンです。主イエスが分けられた杯は、いつも彼らが口にしていた杯です。いつもの食事、質素な食事、「たったこれっぽっち」という貧しい食事と言ってもよいかも知れません。

しかしこのパン、この杯が、「キリストを食べ」、「キリストを飲む」のだと知った時、弟子たちの中にある覚悟が生まれたのではないかと想像します。パウロがこの出来事の意味を書き記した時、「主が来られるときまで、主の死を告げ知らせる」決意をしたのではないかと想像するのです。

これっぽっちでは足りない、と彼らは言いませんでした。いやむしろ、このパンで生きていく。

この杯で生きていく。たとえ小さなパンでも、たとえ小さな杯でも、これはキリストのいのちだ。だからこのいのちで生きていくのだと。

私たちも決心したいと思います。キリストのいのちで生きていくという決心です。他のものによって養われるいのちでなく、ただキリストのいのちによって生きていくという決心です。それは貧しさへの道かも知れません。苦難を担う道かも知れません。逆境を行く道かも知れません。しかしだからといって引き返すのでなく、考え直すのでなく、ひるみ、たじろぐのでなく、キリストが生かしてくださる、キリストのいのちに生かしてくださる。この決心をもって歩んでいきたいと願うのです。

7　主の食卓にあずかるふさわしさ

「これはわたしのからだ」、「これはわたしの血」と言われ、「食べよ」、「飲め」と恵みの迫りをもってご自身を差し出される主イエス・キリストを、私たちの側が遠慮したり、拒んだりする理由はないと思います。

しかしそこで私たちが立ち止まらされるのが、コリントの信徒への手紙一11章27節の「ふさわしくないままで主のパンを食べたり、その杯を飲んだりする者は、主の体と血に対して罪を犯すことになります」、29節の「主の体のことをわきまえずに飲み食いする者は、自分自身に対する裁きを飲み食いしているのです」とのみことばです。「ふわさしくない」、「主の体のことをわきまえず」とはどういうことだろうか、そもそも主の食卓にあずかるふさわしさとは何だろうか、そのような問いが浮かんできます。

二十年以上も前のある日の主の晩餐のことを思い起こします。一人の姉妹のもとに配餐に行くと、じっとうつむいたまま手を伸ばそうとしません。パンを受け取るようにと促してもそれに応じようとしないので、「どうしましたか?」と小声で尋ねました。すると、「私は今日はあずかりません」との返事。「どうしてですか?」。「今の私はふさわしくないからです」。「そうだからこそイエスさまは招いてくださっているんですよ。さあぜひ」。「いいえ、今日は受けられません」。

小さな礼拝堂の片隅で、頑なに陪餐を拒む彼女とこれ以上議論することもできず、結局、彼女はその日、主の晩餐にあずかることをしませんでした。

彼女は彼女なりに、自分自身の罪を省みて、主の晩餐にあずかるふさわしさを吟味した結果、自主的に陪餐を辞退するという決断に至ったのです。それ自体は彼女の主への誠実さとして受け取りたいと思いました。自己吟味なしの陪餐に比べればよほど誠実な態度だとも言えるでしょう。

それでもやはり陪餐にあたっての「ふさわしさ」とは、そういうことなのだろうか、という問いが残ります。むしろ自分の罪に気づくからこそ、主イエスの十字架の赦しの恵みを味わい、主の招いてくださる食卓に進み出てほしかった。そもそも主イエスも罪深い弟子たちに向けて「食べよ」、「飲め」と迫られたではないか。けれども、そのような主の晩餐の恵みを十分に伝えることができずにいた自分自身の未熟さを味わった、一つの苦い経験です。

ハイデルベルク信仰問答の第八一問に次のように記されています。「問　どのような人が、主の食卓に来るべきですか。答　自分の罪のために自己を嫌悪しながらも、キリストの苦難と死とによってそれらが赦され、残る弱さも覆われることをなおも信じ、さらにまた、よりいっそう自分の信仰が強められ、自分の生活が正されることを切に求める人たちです。しかし、悔い改めない者や偽善者たちは、自分自身に対する裁きを飲み食いしているのです」。

信仰者の自己吟味には罪の自覚と悔い改めが必須です。キリストの恵みに無造作にあずかることは、「みからだをわきまえない」ことにつながるでしょうし、主のみ前における十分な自己吟味が必要です。しかし自己吟味を繰り返すだけならば、いつになっても主の食卓に進み出ることはできないでしょう。悔い改めは、キリストを仰ぐことへと私たちを押し出します。私たちはキリストの恵みの招きにあずかるごとに、十字架の主イエス・キリストを仰ぐ者でありたいと願うのです。

主の晩餐は、いつも自分の罪を悲しみ、痛み、悔いて、うつむきながら集う「改悛《かいしゅん》の食卓」ではありません。肝心なのは「自己を嫌悪しながらも」、「なおも信じ」、「さらにまた」、「よりいっそう」、「信仰が強められ、自分の生活が正されることを切に求める」と教えられている点です。

罪の悔い改めで立ち止まったままではなく、自分の罪を十分に自覚しつつも、主イエスの十字架を仰ぎ、そこからなお赦しを確信して聖化へと進み、やがて訪れる救いの完成の時、天での食卓を待ち望む。主の晩餐とは「赦しの食卓」であり、救いの完成を目指しての「希望の食卓」なのです。聖霊が成し遂げてくださる信仰の道筋を進む時に、私たちの自己吟味は単なる自己嫌悪に終わることなく、そこから赦しと聖化と完成への道を辿ることができるのです。

8　天での祝宴を憧れて

「希望の食卓」としての主の晩餐の恵みを、私たちはもっと深く味わいたいと思います。主の晩餐とは、「かつて」十字架の上で成し遂げられた主イエス・キリストの贖いのみわざを思い起こし、確認する食卓であり、「今」、天の父なる神の右の座に着いて私たちのためにとりなしていてくださる主イエス・キリストの祝福されたみからだと、聖霊によっていよいよ一つにされてゆく食卓です。その上にさらなる恵みとして約束されているのは、この食卓が、「やがて」天において、勝利された小羊なるイエス・キリストのみ前で共に連なることができる、喜びと祝いの宴の前味でもあるということです。

主の晩餐の礼典を司式する度に、先に天に召されていった愛する方々の顔を思い起こします。しばし天と地に分かたれていても、やがて主の前で、これらの愛する人々と一緒に食卓を囲み、喜び祝う食事を共にすることができる。このことを思うと心躍ります。天での祝宴を憧れます。

コリントの信徒への手紙一11章26節の「あなたがたは、このパンを食べこの杯を飲むごとに、主が来られるときまで、主の死を告げ知らせるのです」とのみことばは、地上での別れの悲しみの告知でなく、過ぎ去った遠い日の想起でもありません。それは天上における再会の喜びの告知であり、よみがえりの主イエス・キリストに結ばれた者に約束されている、私たちの復活の希望です。

主の晩餐にあずかる時、私たちは自分の手にある小さなパンと杯を見つめて、深く自分の罪を悔い改めます。しかしそのまま悲しみの中で、悔悟の中で食することを主は望んではおられないでしょう。そこから顔を上へと向け、心を高く挙げて、十字架によって贖いを成し遂げ、三日目に復活され、天へと挙げられた主イエスを仰ぎ、洗礼によってこの主イエスと結ばれたその結びつきが、いよいよ固く確かにされていくことをおぼえるのです。そして主イエス・キリストがやがて再びお出でになり、神の国を完成してくださる。その時には、私たちは喜びの中で主イエスと親しく食卓を囲むことが許される。それは何にも代えがたい喜びであり、希望です。

主の晩餐の食卓に集う時、私たちはそこでキリストにある互いの深い結びつきを思います。一緒に食事をする交わり以上の、深く緊密な交わりを経験するのです。教会は聖餐の共同体です。一緒に愛餐の食卓を囲む喜びを私たちは知っています。食事を共にしながら互いに語り合う楽しさを知っています。しかしそれ以上の深い交わりが主の晩餐の食卓にはあるのです。互いにことばを交わすことがなくとも、互いの心の深い内側を知り合うことがなくとも、互いが背負っている重荷のすべてを知ることがなくとも、それでも私たちが一つのパンと一つの杯にあずかる時、そこで私たちは聖霊によってキリストと一つに結び合わされ、キリストにある互いもまた一つに結び合わされていくのです。

その交わりは、地上のものを超えていきます。主の晩餐にあずかる時、私たちはそこにいる人々のことだけを思うわけではありません。地上の食卓に集いながら、私たちの心は天の祝宴を憧れます。先に天に召されていった、愛するあの方、この方の顔を思い起こし、彼らと一緒に天の食卓に集う時を心待ちにするのです。

臨終が近い病床で洗礼を受け、地上では主の晩餐の恵みにあずかる機会なく天へと移されていった方がいます。生まれてまもなく地上を去った幼子がいます。激しい病との闘いの中で、主の晩餐にあずかることを願いつつ、食べ物が喉を通らないほどの衰えの中で召されていった方がいます。そんな愛する一人一人、思い出すだけでも涙が込み上げてくるようなあの懐かしい一人一人と、しかしやがて来る復活の朝には、大きな食卓をみんなで囲みながら、愛する主イエス・キリストを中心に、大いに笑い合い、語り合い、喜び合うことができる。その日を思うと心躍ります。天での祝宴を憧れて、私たちは地上で礼拝をささげ、主の晩餐にあずかっていくのです。

第七章　伝道に生きる教会

1　一人の魂と向き合って

伝道者として歩み出して三年目の春のことです。主任牧師のもとで二年の訓練の時を過ごした私は、その教会から生み出された小さな伝道所を担任することになりました。いよいよここで伝道、説教、牧会の日々がスタートする。その月末には結婚を控えていたこともあり、緊張と期待に心躍る思いでした。

こうして新しい奉仕が始まってまもなく、一つの相談が持ち込まれました。遠方に住む教会員から、ある方のもとを訪ねてほしい、という依頼を受けたのです。訊くと、その方のお母さんの知り合いのご夫妻がおられ、そのご主人が癌で入院しているので、ぜひ訪ねて伝道してほしい、ということでした。さらに訊くと、依頼主は「実は私もそのご夫妻とは直接の面識はないのですが、先生、どうか訪ねてあげてください」というのです。まるで赤の他人の病室を訪ねるというのもなかなかの難問だな、と思いながらも、伝道してほしいと頼まれて断る理由はない。さっそく入院先の病院をお訪ねすることにしました。

受付で病室を聞いてドアをノックすると、中から白髪の老婦人が顔を出し、怪訝そうな顔でこちらを見つめます。「どちらさまですか?」。「私はキリスト教会の牧師でして、実は○○さんの娘さんからのご紹介で、ぜひご夫妻のもとを訪ねてほしいと依頼を受けてやってまいりました」。自分で説明しながらも、こんな突然の訪問者は困るだろうなと思い、追い返されるのを覚悟の上で「いきなり見ず知らずの牧師が現れてご迷惑とは思いますが、ご挨拶だけでもさせていただければ」とお願いし、なんとかベッドサイドに通していただくことができました。一目見て、ご主人の容態が芳《かんば》しくないことはすぐに分かりましたが、何とか細い細いつながりを説明し、訪問の趣旨を伝え、ご迷惑でなければまたお邪魔したいとお伝えしてその日は病院を去りました。

それから毎日のようにそのご夫妻の病室をお訪ねすることになりました。七十代後半のご夫妻と、そこにやってくる二十五歳の若造の姿を、周囲の人々は祖父母と孫かと思っていたかも知れません。そんな訪問を繰り返すうちに少しずつ打ち解けて、短い時間でも深い交わりが許されるようになりました。若い頃の話、仕事のこと、ご主人が眠っている時は、奥様がこれまでのご夫妻の歩みの苦労や思い出話を聞かせてくれることもありました。

そんなことが二週間ばかり続いたある日、奥様が私にそっと耳打ちされました。「主人はもう長くないそうです」。厳粛なことばでした。このことばを聞いて私の中にも一つの覚悟が決まりました。「わかりました。それでは、そのための準備をしましょう。私は牧師ですので、イエスさまのこと、イエスさまが備えてくださる天のみ国のことをお伝えしたいと思いますが、よろしいでしょうか」。奥様はこの申し出を受け入れ、それからご主人の枕辺でイエスさまのこと、罪のこと、救いのこと、死を超えて生きる希望があることをお話しするようになりました。そして数日後、目に見えて衰えが進む中、「イエスさまを信じますか」との問いかけに「うん」と応じられ、さっそく主任牧師に来ていただいて奥様の見守る中での病床洗礼式が執りおこなわれ、その翌日、主のみ許に召されていきました。

前夜式の二日後に自分の結婚式を迎えるという忘れがたい経験を通して、一人の魂と向き合って生きるという伝道者としての一つの覚悟を受け取る時となったのでした。

2　伝道に生きる教会

日本の教会の伝道は、こつこつと一人の魂を追い求め、丹念に一人の魂と向き合い、忍耐強く一人一人に主イエスの福音を語り続けるという仕方で続けられてきました。困難な岩地のようなところに忍耐強く福音の種を蒔き続けて今日に至っているのです。

伝道の不振が叫ばれて久しい日本の教会です。教会に人が集まらない。信徒の高齢化は進み、教会から子どもたちが減っていく。牧師のいない教会が増え、都市部以外の教会は存亡の危機にあり、都市の教会もまた疲弊している。伝道者たちの心の中にはどこかで「焦り」の感覚があります。「教会の規模が牧師の実力」と、いつも量られているような感覚に陥ります。

聖書の読み方がどんどん多様化し、福音の理解の相対化が進み、どのようにみことばを語ったらよいのか、どのように伝道したらよいのか、そもそもいったい何を伝えればよいのかと、伝道者としての召命も揺らぎが起こります。今のままではいけないと新しいことを試してはみるものの、すぐに効果が現れるわけでもなく、孤軍奮闘の中で空回りをし、上滑りをし、疲れ果ててしまう。信徒たちも日々の多忙さに追われ、自分自身の信仰を保つだけで精一杯、伴侶や子どもの救いのために祈り続けても、なかなか兆しが見えてこない。職場で証しを立てたいと思っても、そう願うばかりで現実はおぼつかない。このような現実の中で立ちすくみ、かがみ込み、自分の足もとばかりを見つめてしまうような私たちの姿があるのではないでしょうか。

しかしながら、そのように内側に向きがちな眼差しを一旦外の世界に向けてみると、そこには救いを待望し、光を希求し、渇くことのない水を、飢えることのないパンを求める人々と世界の現実があることに気がつかされます。

あれこれと思い悩んでいる場合ではない、落ち込んでいる暇はない。それほどに世界には差し迫った救いへの求めがあり、飢え渇く魂の叫びと呻きが溢れているのです。そうであれば私たちはそれで意気消沈し、伝道の意欲を失ってはならないでしょう。「御言葉を宣べ伝えなさい。折が良くても悪くても励みなさい」（Ⅱテモテ４・２）との励ましを受けて、伝道に生きる教会としての歩みを続けたいと思うのです。

二〇一一年の夏、あの東日本大震災から半年が経った頃に、津波の被害の大きかった岩手の三陸沿岸の小さな仮設住宅を訪ねました。敷地内にテントと椅子を並べてお茶会を開いているところに、ある年配の男性が来られ、しばらくお話しすることになりました。話の中で「あんたらはどこから来たのか」と尋ねられたので、「東京から来たキリスト教の牧師です」と答えると、「へえ、キリスト教の牧師さんか。そういう人は初めて見た」と目を丸くして言われました。「初めて会った牧師がこんなんで申し訳ありません」と笑って返しながら、まだまだ福音が宣べ伝えられる必要のある地は多くあり、福音を待っている方々が大勢おられることを思い知らされ、そのような現実を前にして、どれほどの切実さをもって福音を語っているだろうか、どれほどの情熱をもって魂を追い求めているだろうか、どれほどの自覚をもって伝道の担い手としてのわざに参与しているだろうかと問われたのです。

キリシタン時代から四百年、プロテスタントの伝道百五十年。それでもまだ一％にも満たないキリスト者の現実を思うと、まことに主のみ前に申し訳なく思います。自らの怠惰さを悔い改めさせられます。けれどもこうも思うのです。ただ黙って手をこまねいていたわけではない。じっと座り込んでいたわけでもない。いつの時代もひたむきに福音を宣べ伝え、果敢に伝道を続けてきたのが日本の教会の姿であり、その情熱は今も決して衰えてはいないと。

3　この町に、我が民多し

こうして私たちを伝道への情熱に燃え立たせ続けるものはいったい何でしょうか。それは神がご自身の選びの民を備えていてくださるという確信です。私たちの伝道のわざは、神の選びの民を呼び覚ますことにあるのでしょう。

使徒言行録18章9節、10節で、幻の中でパウロに語られたことばがあります。「ある夜のこと、主は幻の中でパウロにこう言われた。『恐れるな。語り続けよ。黙っているな。わたしがあなたと共にいる。だから、あなたを襲って危害を加える者はない。この町には、わたしの民が大勢いるからだ』」。このみことばが語られた背後には、17章でアテネのアレオパゴスでの出来事がありました。アテネの知恵ある人々に向かって伝道説教を語るパウロ。しかしその話が主イエスの十字架と復活に及んだ途端、人々は「また今度」と言って去っていってしまったのでした。

17章のアテネ伝道が成功だったか失敗だったか、その成否をここで深く扱うことはできませんが、しかし事実としてパウロはアテネを去ってコリントにやってきて、後にその時の心境をコリントの信徒への手紙一 2章3節でこう言い表していました。「そちらに行ったとき、わたしは衰弱していて、恐れに取りつかれ、ひどく不安でした」。

これほどに意気消沈し、伝道の意欲や自信を失いかけていたパウロ。そんなパウロに幻を通して語られた主イエスのことばが「恐れるな。語り続けよ。黙っているな」だったのです。そこには主イエスご自身の約束が伴っていました。「わたしがあなたと共にいる。だから、あなたを襲って危害を加える者はない。この町には、わたしの民が大勢いるからだ」。

旧約聖書から新約聖書を貫いて、信仰者が孤独であるとき、打ちひしがれているとき、無力感にさいなまれるとき、恐れに取り囲まれるとき、決まって主なる神が語ってくださることば、私たちにとって一番確かで、一番の拠り所、励まし、慰めとなる最も必要なことば。「わたしがあなたと共にいる」と主は言われる。これほどの慰め、励ましはありません。

私の最初の任地であった岡山の西大寺キリスト教会は、地方の因習の強い寺の門前町に建てられた教会です。神学校を卒業し、赴任したばかりの最初の日曜日、朝六時からの早朝礼拝が終わった後で、主任牧師の赤江弘之先生が、西大寺の町を見渡す芥子山という場所に連れて行ってくださいました。そして小さな丘のような山の頂に立って、聖書を開いて祈ってくださいました。その時に開かれたのがこのみことばだったのです。先生がその時、静かに、しかし確信に満ちた力強い口調で、「これが私たちの教会の宣教の理念です」と言われたことを今でもはっきりと覚えています。そしてこのことが、それ以来、私自身の伝道の励まし、確信ともなっているのです。

この町に「わたしの民」がいる。しかも一人、二人でない。たくさんいる、と主イエスは言われる。この約束があるからこそ、私たちは伝道に出て行けるのです。この約束があるからこそ、私たちは倦まず弛まず伝道に励み続けることができます。一喜一憂してはできないことですし、打ち上げ花火のようなわざではない。率直に言って伝道のわざは地道で根気のいるものです。

使徒言行録18章11節に「パウロは一年六か月の間ここにとどまって、人々に神の言葉を教えた」とあります。アテネでしたことと同じことを、ここでもパウロは続けました。結局のところ、私たちの為すべきことは一つ、「神の言葉」を伝え続けることです。水増しもせず、混ぜ物もせず、神のことばを信頼し、神のことばが人を救うと確信し、ひたすら忠実にみことばを語り、伝え、教え続けていく。何度でも繰り返し、腰を据えて教え続ける。そこに神のわざが始まっていくのでしょう。

主イエスは伝道に生きる教会が味わう労苦をご存知です。徒労感、無力感、砂を嚙むような思い。そういう思いをご存知で、なお「語り続けよ。黙っているな」と言われる。伝道する教会は覚悟が求められます。恐れのある現実、ことばが届かない現実、むなしく宙に向かって語り続けるような現実があることを覚悟する必要があります。あのパウロでさえアテネからコリントへ、そんな思いを抱いて進まねばならなかったのです。

一度出て行ってだめだった。それで終わりというようなことではない。一度出て行ってだめなら、もう一度出て行けばよい。二度出て行ってだめだったなら、なお三度行けばよい。親の救い、子どもの救い、同僚の救い、大切な友の救い、隣近所で共に生きる人々の救いのために、「この町に、我が民多し」との約束を信じて、いまだ福音を聞かずに眠りの中にいる魂を呼び覚ます福音の声を、大きく、鮮明に語り続けたいと思うのです。

4　キリストにある選びのゆえに

伝道に生きる教会として歩むとき、キリストにある選びを信じる信仰は大きな慰めと励ましを与えます。神がキリストにあってご自身の民を備えていてくださり、私たちの伝道を通して、確実にその民を呼び集めてくださる。その約束の確かさが、私たちを、自らの愚かさ、拙さ、怠惰さ、臆病さを越えて、伝道の新たな地平に立たせてくれるのです。

伝道者として歩み始めて五年を迎えた頃、いくつかの理由で、神学を学び直すことへの飢え渇きを覚えるようになっていました。教会を建てる神学を学びたい、説教の課題を考え直したい、そして直前に起こった阪神淡路大震災を通して揺さぶられた自分自身の召命を、もう一度確認し直したい。そんな願いをもって学びの道を模索する中で、神戸改革派神学校に進むことを祈り始めました。そこで当時、神学校の校長であった牧田吉和先生に面会を求めて連絡をとったところ、冬学期の開講講演に来るように言われて、冬のある日、岡山から神戸へと出掛けていきました。昼休みに先生との面談をする約束を取り付けて、午前中の講演会に出席したのですが、その時の講演は牧田先生による「ドルトレヒト信仰規準の神学的意義——福音の慰めを巡る戦い」というものでした。

改革派神学における「全的堕落」、「無条件的選び」、「限定的贖罪」、「不可抗的恩恵」、「聖徒の堅忍」という、いわゆる「TULIP」の教えの代表格のように言われるドルトレヒト信仰規準についての講演は、予想に反して、私にとってまさに「福音の慰め」を教え、伝道への情熱を駆り立てられる、心燃やされる講演、いやみことばの説教を聴いた経験でした。肝心の先生との面談は十分足らずで終わったのですが、私自身の中では「ここで学びたい、この先生のもとで学びたい」という思いがはっきりと与えられ、家に戻るなり妻に向かって「決めてきた」と宣言したのを覚えています。

実際に牧田先生のもとで学ぶことが許され、卒業して現在の教会に遣わされて、自分自身の伝道と牧会の日々が、まさにこのキリストにある選びの確かさによって支えられていることを実感します。神の選びは、キリストにおける恵みの選びであって、それは人を救いか滅びかに振り分ける冷淡なものではありません。むしろ私たちを伝道への情熱に駆り立てるものだということを身にしみておぼえるのです。

後に、先生が校長職を退任され、「自分も伝道の最前線に復帰したい」と土佐の教会に赴任されるとき、神学校教授会から校長退職記念の紀要に論文を投稿するよう求められ、その結びに次のように記しました。

「『予定論』という、しばしば信仰者たちを不安に陥れ、伝道への情熱を失わせ、選びと遺棄を思いのままに定める絶対者を思い浮かべさせる教理が、しかし実際には、信仰者たちを救いの喜びに満たし、救いの確かさをもって慰め、伝道への意欲に駆り立て、我らの救いを成し遂げたもうイエス・キリストの父なる神にして我らの父なる神への賛美と感謝、奉仕へと導く教理であることをあらためて覚える。その要はなんといっても『イエス・キリスト』であり、このキリストを離れて選びを論じることはできない。選ばれてあることはすなわちキリストのうちにあることであり、教会の交わりの中で、とりわけ主の日の礼拝において、愛する神の家族たちと共に主を賛美し、みことばを聴き、心を合わせて祈り、聖礼典にあずかるとき、最も鮮やかに自らの選びの確かさを覚えることができるのである。これはなんと幸いなことであろうか。……慰めと希望の中で救いの確かさ、選びの確かさを宣べ伝えるべく、その重荷を担う福音宣教の務め、みことばの説教の務めにますます励む者でありたい」（朝岡勝「第二スイス信仰告白の予定論――『選びの確かさ』を中心として」『改革派神学　第34号』神戸改革派神学校、二〇〇七年）。

5　涙と共に種蒔く者は

一人の魂を追い求めて祈り続ける日々には、忍耐と涙が伴います。種を蒔き続けても、いっこうに芽吹く兆しが見えない時、私たちの心は揺らぎます。キリストにある選びの確かさを信じていてもなお、私たちの心に不信仰が影を落とすのです。

日々の祈りの中で、毎週の教会の祈禱会で、家族の救いのためにと祈り続けています。教会から足が遠のいてしまっている兄姉方の信仰の回復のためにと祈り続けています。求道を続けておられる方々がイエス・キリストを救い主と受け入れられるようにと祈り続けています。どの祈りも数年越しの祈りです。教会学校の子どもたちの救いのために祈り続ける教師たちがいます。数回来ただけの子どもたちのことを覚えて祈り続けるのです。新来者のために毎月毎月、祈りながらお手紙を送り続ける兄弟姉妹がいます。返事が来ることは滅多にありませんが、それでも毎月、祈りの心を込めて手紙をしたためるのです。

効率が求められる時代です。洗練さが求められる時代です。利便性が求められる時代です。旧態依然としたままでは置き去りにされる時代です。教会の伝道のあり方も大胆に変わっていく必要があります。すべてのことを福音のためにするのです。そのためには様々な知恵やアイディア、何よりも自分たちのあり方をしなやかに変えていく柔軟さが必要です。それと共に、教会が大事にしてきた伝道の姿勢、愚直なほどの伝道の姿勢をも忘れずにいたいと思うのです。

教会で年に数回、新聞折り込みで教会の案内チラシを配ります。数千枚のチラシですから、新聞折り込みで配布するのが便利ですが、それでも何百枚かは手配りのために取っておくようにしています。日曜日の礼拝後、教会の皆で手分けして配りに出掛けるのです。大人たちについて子どもたちも出掛けていきます。若者たちもペアになって出掛けていきます。もちろん私も出掛けます。もっと効率の良い方法もあるでしょう。でも、私たちは自分たちの足でこの町を歩いて、小さな路地を入り、家々の様子を見ながら、そこに住み、暮らす人々の生活を思い巡らし、一軒一軒のお宅に福音の良き知らせをお届けしたい。その労を厭わない教会でありたいと願っています。

かつて聴いた詩編の説教を忘れることができません。126編の「涙と共に種を蒔く人は／喜びの歌と共に刈り入れる。種の袋を背負い、泣きながら出て行った人は／束ねた穂を背負い／喜びの歌をうたいながら帰ってくる」から、説教者が次のようなことを話してくださったのです。ここで種蒔く者と刈り取る者が同じ人とは限らない。種蒔く者はひたすら種を蒔き続け、その刈り取りを見ることはないかも知れない。それでも後の日に刈り取る者の喜びがあることを信じ、待ち望んでひたすら自分の時代の責任を果たす。一方で、刈り入れる者は自分が蒔いた種を刈り取るとは限らない。先の時代に誰かが涙と共に蒔いてくれた種の収穫にあずかっているという事実を感謝し、喜びながら刈り取る。そうやって神の民は、神の畑の種蒔きに勤しみ、収穫にあずかってきたのだ、と。

救いに導かれる方のうち、子どもの頃に教会学校に行ったことがある、ミッションスクールに通っていたことがある、聖書をもらったことがある、そんな経験を持つ人が少なくありません。その時に蒔かれた種が、すぐに芽を出さずとも、それから数年、十数年、あるいは数十年後に芽を出し、実を結ぶことがある。世代を越えた伝道の必要を覚えさせられます。結果を急がない伝道の大切さを教えられます。そして何よりも、後の日に希望を託していく伝道の尊さを思います。

今、自分が喜び叫びながら刈り取っている福音の実りは、かつて誰かが涙と共に蒔いてくれた種蒔きのおかげだと感謝する。今、自分が涙と共に蒔いている福音の種は、後の日に誰かが必ず喜び叫びながら刈り取ってくれると信じて待ち望む。そして種蒔く者も、育てる者も、救いの神をほめたたえ、「成長させてくださるのは神」と告白する。そのようなつながりの中で教会は伝道に生きるのです。

6　その人たちの信仰を見て

伝道は教会のわざですから、そこでは華麗な個人プレーよりも、一致したチームプレーが求められます。一人の優れた伝道者の働きも大切ですが、やはり私たち一人一人が心を合わせ、祈りを合わせ、賜物をささげ合い、一致して果たす働きであることが大切です。教会は豊かな賜物に溢れています。そのすべてが福音を伝えることに向けられて働くとき、その豊かさはさらに大きな力となるでしょう。

「伝道は苦手」と思う方が多いことでしょう。伝道は訓練を受けた牧師たちがするもので、信徒はそれを応援すればよいと考える方があるかも知れません。でも本当にそうでしょうか。むしろ教会の歴史を振り返ってみると、主イエスに救われた人々が、その喜びによって生きることを通して福音は伝えられていったのではないでしょうか。確かに一人一人得意分野が違うかも知れません。得手不得手もあるでしょう。それでも私たちが一人の魂のために祈る時、自分に与えられている賜物を用いることへと促されていくのです。

教会によく人を誘ってこられる婦人がいます。どなたかと知り合うとすぐに自分がクリスチャンであることを告げて、礼拝に、コンサートに、家庭集会にと誘ってきてくださる。ＰＴＡで知り合ったお母さん仲間、介護の仕事で訪問しているご老人、ある時には犬の散歩で出会う方を誘ってきてくださり、その方はそれがきっかけで教会につながり、やがて洗礼を受けられるまでになりました。

教会に新しい方が来ると、さりなげなく配慮してくださる方がいます。トラクト配りや手紙書きに重荷を負ってくださる方もあります。子どもたちの伝道に多くの時間を費やしてくださる方がいます。求道中の方のためにとりなし祈り続けてくださる方がいます。そういう一人一人の賜物が結集して、一人の人の救いが起こる。そういうことを教会は繰り返し経験してきました。

そこでいつも思い起こすのは、マルコによる福音書2章1節以下に描かれる、中風で寝たきりの人を床のまま主イエスのもとに連れてやってきた四人の姿です。彼らは一人の人を何とか主イエスのもとに連れて行きたいと思い、ついには家の屋根をはがして床のまま吊り降ろすという「暴挙」にまで出るのです。

いつもこのみことばを読むと心震えます。聖書は主イエスが「その人たちの信仰を見て」、この中風の人を癒やした、と記すのです。彼らは一緒に信じて、一緒に担って、一緒に汗を流した。その四人の信仰をきっかけにして、この一人の人の救いは起こったのです。一人では果たせないわざです。一人では担えない重荷です。一人では信じ切れない忍耐を要する働きです。皆が同じ役割を果たすわけではありません。力の差もあるでしょうし、できること、できないこともある。でも一緒に信じて働くとき、主イエスは私たちの信仰を用いてくださる。そうであればこそ、一人の人の救いのために、一緒に重荷を担うことを厭わずに、信じて励みたい。そして一人の人の救いが起こったときに、一緒に肩を抱き合って喜び合いたいと願うのです。

７　良いことの知らせを伝える者の足

ローマの信徒への手紙10章13節から15節でパウロは言います。「『主の名を呼び求める者はだれでも救われる』のです。ところで、信じたことのない方を、どうして呼び求められよう。聞いたことのない方を、どうして信じられよう。また、宣べ伝える人がなければ、どうして聞くことができよう。遣わされないで、どうして宣べ伝えることができよう。『良い知らせを伝える者の足は、なんと美しいことか』と書いてあるとおりです」。

ここにはストレートな伝道への招きがあります。「主の名を呼び求める者はだれでも救われる」。主イエス・キリストの十字架による救いはすでに成し遂げられている。そしてそれを信じるだけで救われる。それなのに、それをいまだに聞いたことのない人がいる。この二つの事実の間にある隔たりに、私たちの心は揺さぶられます。何ものにも代えがたい良き知らせがあり、それを待っている人がいるのに、肝心な、この福音を伝える「人」がいない。使徒パウロの叫びは、そのまま主イエスご自身の私たちを求める叫びと言ってよいでしょう。主イエスは、私たちが伝道に無関心であることを許されません。他人事のように魂を黙って見過ごすことを許されません。むしろそこでこそあなたがたの出番ではないかと、私たちにチャレンジを与えられるのです。

ここで特に心惹かれるのが「良い知らせを伝える者の足は、なんと美しいことか」というイザヤ書52章7節の引用です。「良い知らせを伝える者」の「足」が「美しい」と呼ばれるのです。前線での激しい闘いの末に勝ち取った勝利の良い知らせを、それを待ちわびる人々のもとに伝えるために荒野を走り抜け、山々を越えてどこまでも進む伝令の足下は、泥にまみれ、埃にまみれ、すり切れ、傷ついていたことでしょう。「美しい」との形容詞とは似ても似つかぬ足だったと想像します。それでも彼が伝えようと担っている「良い知らせ」のゆえに、彼の足もまた「美しい」と言われる。この眼差しに言いようのない慰めと励ましを受けるのです。

この国で、この町で、この村で、この土地で、伝道に生きる教会もまた、今、確かに主なる神のこの眼差しにおいて見つめられています。その眼差しが向けられる先は、一生懸命に福音を語る口と共に、何とかしてその魂に届きたいと差し伸べる手と共に、どのようにしたら福音を届けられるかと昼夜を分かたず回転を続ける頭と共に、何と言ってもその私たちの「足」に注がれている。何十年もの間、来る日も来る日も福音を伝え続けてきた足です。雨の日も風の日も、雪の日も日照りの日も、道を伝え続けてきた足です。同じ道を幾度も行き来した足です。追い返され、遠ざけられ、疎んじられてもなお引き返していった足です。でもそれがこの国で伝道に生きてきた教会の歩んで来た足なのです。

道を伝えるためには、その道を歩く足が必要です。その道を伝える足が必要です。回り道をする足、無駄足を踏む足、何度行っても門前払いを食らうような足、ほとほと疲れ果てて引きずるように帰ってくる足。それでもなお一人の人を主の良き知らせのもとに導くためにまた新しく出かけていく足。そういう足を見て主は「なんと美しいことか」と言ってくださる。その足に今日も主の眼差しは確かに注がれています。

8　終わりの時を思いつつ

私たちの伝道は、やがての収穫の時、神の国の完成の時と深く結びついています。主イエスはマタイによる福音書24章14節で、こう言われました。「御国のこの福音はあらゆる民への証しとして、全世界に宣べ伝えられる。それから、終わりが来る」。

主イエスがお示しになった「終わり」の前兆とは、偽キリストの出現、戦争、飢饉、地震、教会への迫害と躓き、偽預言者の横行、不法の蔓延などで、それから終わりの日が到来すること、その時を待つ上での信仰者の心構えなどが語られています。私たちはまさにこれらのみことばを「これからのこと」として受け取る必要があるでしょう。そしてそれゆえにしっかりと目覚めた者として、今の時を「終わりの時」と認識する信仰の洞察力を研ぎ澄ます必要があるでしょう。主イエスの語られた「終わり」の預言には、いずれも私たちにある種の恐れや緊張をもたらしますが、そのような中で神の国の到来と完成を早めていくわざこそが私たちの伝道です。

神の国の到来とその完成という大きな希望のもとで、今、この時代に果たすべき役割、語るべきことば、示すべき愛のわざを確かめ、福音の宣教、みことばを宣べ伝える伝道のわざを通して、終わりの時を引き寄せ、神の国の完成の時を早めていく。私たちの伝道は神の国の到来を「急ぎつつ、待ちつつ」、果たしていくわざなのです。ペトロの手紙二3章でこう言われる通りです。「ある人たちは、遅いと考えているようですが、主は約束の実現を遅らせておられるのではありません。そうではなく、一人も滅びないで皆が悔い改めるようにと、あなたがたのために忍耐しておられるのです」(9節)。それゆえに「神の日の来るのを待ち望み、また、それが来るのを早めるようにすべきです」(12節)とのみことばに励まされ、押し出されていくのです。

9　伝道とは溢れること

初代教会の伝道は、信仰者たちの生き様を通して拡がっていきました。主イエス・キリストを信じる者たちの一途な信仰の生き方を見て、周りの人々が彼らを「キリスト者」と呼び、また彼らの信じる信仰を「道」と呼びました。そしてイエス・キリストを神のみ子、救い主と信じ、このキリストに従って生きる信仰者たちを「この道の者」と呼んだのです。

「伝道」ということばからは、この道を伝え、この道に歩むという一つの確信、一途さ、力強さが伝わってきます。それは単なる宗教的な教え、哲学、思想、知識といったものではない、信じることと生きることが一つに結び合った生き様です。

伝道に生きる教会となる、伝道に生きる信仰者となる。それは信じた福音そのものが私たちをその道に生かすことによって果たされるものです。福音そのものが私たちの内側から喜びとして溢れ出し、信じる者たちを押し出し、遣わす力を持っているのです。

「伝道とは、溢れることです。溢れていれば、それが伝道なのです」と、かつて恩師が語ってくださったことばがいつも心に鳴り響いています。救いの喜びに溢れている時、生かされている感謝に溢れている時、死を超えて生きる望みに溢れている時、金銀以上の価値あるいのちに溢れている時、それが何よりの伝道なのだと。

第八章　教会を建てる信仰

1　週報に込める思い

教会の姿がよく見えてくるものの一つに、「週報」があります。各地の教会をお訪ねすると、週報を一部いただくようにしています。礼拝の式順といくつかの報告事項が記された簡潔なものから、前週や当日の礼拝説教の概要、信徒の安否、祈りの課題など盛りだくさんのものもあり、サイズもＡ５判片面刷りから、Ｂ４判両面刷り四頁のものまで、体裁や情報量も様々です。どんな週報でも、そこに記されていることばを読むと、その教会の生きた営みの息遣いが伝わっていきます。

自分がお仕えする教会では、週報を大切にしてほしいと思って、いくつかの工夫をしています。礼拝の式順や諸集会の案内、報告事項はもちろんのこと、教会員の安否や消息、そして日々の祈りのための祈禱課題を毎週なるべく幅広く挙げるようにしています。

教会員とその家族のため、求道者のため、病む人のため、近隣の諸教会のため、地域のため、牧師や役員のため、海外で働く宣教師たちの働きのため、この国のため、為政者のため、世界の国々のため、平和と正義のため、小さな群れであっても、祈りの射程を広く大きく長くとりたいと願って、このような祈りの課題を挙げ続けています。

このようなささやかな取り組みを通して願っているのは、兄弟姉妹の皆さんと共に「教会を建てることば」を身に付けたいということです。何か特別なことでなく、日常のことばが教会を建てることばになっていくように、そしてそれが身に付いたことばになっていくのを願ってことです。

前任の教会でも、今お仕えしている教会でも、週報の片隅に「牧師室だより」というコラムを書き続けています。これは、伝道者のスタートの頃に読んだ辻宣道先生の『教会生活の処方箋』（日本基督教団出版局、一九八一年）に教えられてのことでした。「週報を泣かせるな」という章で、「生ける神の共同体を具体的につくる役割を担うのが週報」だと教えられ、週報に牧師の考えを書くことをもって「ここに勝負をかけた」ということばに触れて、自分も週報を牧会の大事なツールにしようと考えたのです。

それからというもの、教会とは何か、礼拝とは何か、伝道とは何か、教育とは何か、奉仕とは何か、といった信仰の骨格に関わることから、毎週の礼拝のための心得、日常の中でのキリスト者としての心構え、祈りの手ほどきなど、できるだけ教育的な内容を具体的にわかりやすく書くように心がけました。この頃、よく参考にしたのが、金田幸男先生の『豊かな教会生活を目指して　1、

2』（聖恵授産所出版部、一九八九年）です。後に神戸で学んだ折に、先生の牧会されていた教会に一年間集うことが許され、この本に込められた著者の思いを知る機会があったのも幸いなことでした。

東京に転じてからも、さっそく週報に「牧師室だより」の欄を設け、毎主日ごとにコラムを書き続け、十八年になります。そこでもなるべく日常の牧師が考えていること、読んだ書物や、出会った人、日々の教会の様子などをありのままに記すように心がけてきました。

時には、なかなかこの欄を埋めることができず、「今日はどうやっても書くことが見当たりません」と書いたこともありました。しかし、このコラムを書くと決めたことで、教会の日常の出来事を注意深く見ること、そこで起こるちょっとした出来事にも心を留めること、そうして味わう小さな喜びや感謝に敏感になることなど、たくさんの益が生み出されてきました。

そして何より益となったのは、このコラムによって「文章を書くこと」の修練が与えられたことでした。毎回わずか二百字程度のコラムですが、しかしその限られた字数の中で、小気味よい文章を書くこと、短い中にも起承転結のある文章を書くこと、信仰の本質を突いたような明確な文章を書くこと、牧師の日常がありのままに伝わるような正直な文章を書くこと、信徒を励まし、教会が建て上げられていくための下支えとなるような、そんな文章を書くことの訓練の機会となったのです。

これが教会の兄姉方との良いコミュニケーションの手段としても用いられてきました。数年前に天に帰られた一人の年老いた兄弟は、普段は口数の少ない方でしたが、ご自宅を訪問すると、時々「先生、この前の週報のあれ、よかったなあ。いいことばだったよ」と感想を漏らしてくれることがありました。また八十歳近くになって洗礼を受けたある老姉妹は、毎週日曜日が終わると、週報からその欄を切り取って、穴を空けてひもを通し、自分だけの綴りを作って読み返してくださっていました。「私は信仰が浅いから、先生のことばを繰り返し読んで、少しでも信仰を深めたいと思っているのよ」と言うのです。

こうした方々のレスポンスを励みに、毎週のコラムを書き続け、通算八百号を迎えた時には、礼拝の報告時に思わず拍手が起こって、こちらがうれしくなったのも良き思い出です。

2　教会を建てることば

互いの徳を高め、互いの信仰を励まし、互いの存在を尊び、互いに建て上げ合う。そんなことばが交わされることをひたすら願いながら、教会のことばを整え続けてきました。

その際に、絶えず心にあったのはテサロニケの信徒への手紙一5章10節、11節です。「主は、わたしたちのために死なれましたが、それは、わたしたちが、目覚めていても眠っていても、主と共に生きるようになるためです。ですから、あなたがたは、現にそうしているように、励まし合い、お互いの向上に心がけなさい」。

ここでパウロはテサロニケ教会に向けて、「励まし合い」、「お互いの向上に心がけなさい」と勧めます。「励ます」と訳されている「パラカレオー」は、他に「慰める」、「助ける」、「勧める」などという意味を持つことばとして知られています。「向上に心がける」と訳されるのは「オイコドメオー」ということばで、「家を建てる」という意味を持っています。互いを慰め、励まし、建て上げ合うようにと勧めるパウロが根拠とするのは、「主は、わたしたちのために死なれました」という十字架の出来事であり、十字架の贖いによって救われたお互いが「主と共に生きるようになる」新しい生を与えられたという事実です。

パウロがこの「オイコドメオー」を使う、もう一つの大事なみことばが、コリントの信徒への手紙一14章です。ここは、コリント教会の混乱の原因となっていた「異言」の賜物の扱い方に言及される箇所です。特別な賜物と見なされていた「異言」を受けた信徒たちが、それゆえに高慢になり、その賜物を与えられていない者たちを裁いたり、見下したりして教会の中に分断が生じているのを見て取ったパウロは、次のように勧めます。1節から5節。「愛を追い求めなさい。霊的な賜物、特に預言するための賜物を熱心に求めなさい。異言を語る者は、人に向かってではなく、神に向かって語っています。それはだれにもわかりません。彼は霊によって神秘を語っているのです。

しかし、預言する者は、人に向かって語っているので、人を造り上げ、励まし、慰めます。異言を語る者が自分を造り上げるのに対して、預言する者は教会を造り上げます。あなたがた皆が異言を語れるにこしたことはないと思いますが、それ以上に、預言できればと思います。異言を語る者がそれを解釈するのでなければ、教会を造り上げるためには、預言する者の方がまさっています」。

こうして結論的なことばとして語られるのが12節です。「あなたがたの場合も同じで、霊的な賜物を熱心に求めているのですから、教会を造り上げるために、それをますます豊かに受けるように求めなさい」。

ここからわかるのは、「オイコドメオー」が、個人的な倫理のあり方というよりも、むしろ「教会」という共同体を形成する倫理として語られていることです。「パラカレオー」も「オイコドメオー」も、教会を造り上げる大切なことばです。そしてその中心にあるのはやはりみことばの説教でしょう。教会を建て上げ、造り上げるために、私たちが何よりも祈り求める霊の賜物は「ことば」です。

パウロが「パラカレオー」、「オイコドメオー」を語る時に、絶えず「他者」の存在に心を留めているのも見逃せない点です。ローマの信徒への手紙15章2節では「おのおの善を行って隣人を喜ばせ、互いの向上に努めるべきです」と言われます。

私たちがどのようにみことばを聴くのかはもちろんのこと、私たちがどのようなことばをもって互いに語り合い、耳を傾け合うのか。これもまた教会が建て上げられていく上で大切なことです。教会を建てることばを互いに身に付け、それによって互いに慰め合い、励まし合い、建て上げ合う、そのような教会の姿を祈り求めたいのです。

3　教会を建てる信仰

教会を建てることばを身に付けることによって、教会を建てる信仰が養われていくこと。これが私たちの願うところです。

日本のプロテスタント教会、特に私自身もその中で信仰を培われてきた、いわゆる「福音派」の伝統では、祈りの熱心、伝道の熱心、救いの確かさの希求の熱心、敬虔の追求の熱心など、たくさんの信仰の美徳がある一方で、ともすると信仰が個人的、内面的、主観的な領域にとどまって、教会的な信仰に突破されない弱さがあると考えてきました。「神と私」の関係の充実、深化を目指す熱心さと同じほどに、「神と私たち」の関係の充実、深化への広がりが生まれてこなかったという反省があります。

私もこれまで牧師として教会に仕える中で、しばしばそのような現実と向き合い、葛藤することがありました。どうしたら個人の信仰の領域を超え出て、共同体としての信仰に生きられるようになるのか。どうしたら「私の救い」にすべてが収斂されていくような信仰理解を超え出て、「私たちの救い」、被造物全体の救い、終末における神の国の完成をも視野に収めた信仰に生きられるようになるのか。

悩み、祈り、問いを重ねる中で行き着いた地点は、自分の身近なところにありました。それまでの私は、足元を見ることなく、右往左往していたのでしょう。教会を建てる信仰を養うためには、教会が大切にしてきた信仰のことばにまずはよく耳を傾けよう。このまったく当たり前のような地点に辿り着いたのでした。

教会を建てる信仰を養うために、教会の信仰のことばに耳を傾ける。こうして始まった取り組みが、使徒信条、ニカイア信条などの古代の信条や、宗教改革時代の様々なカテキズムに学ぶということでした。

このようなことばに親しむことを長く続けてきた教会があることを知っています。そのような教会の取り組みから生み出された数多くの豊かな実りに、私自身も大いに教えられ、養われてきました。その一方で、これらの信仰のことばの豊かさをいまだ十分に味わうことを知らない教会があるのも事実です。歴史も浅く、数も少ない日本のプロテスタント教会ですが、それでも教会の伝統や文化、霊性の違いにはかなりの広がりと多様さがあるのも事実で、信条を読んだり、聞いたり、まして学んだことなど経験したことがないという教会も少なくありません。知って、学んでいても、その深い味わいをいまだ味わった実感がないという方もあるかも知れません。

私自身はどうであったかと言えば、使徒信条は知っていましたし、ハイデルベルク信仰問答やウェストミンスター小教理問答の第一問などは聞いたことがあったものの、それらを体系的に学ぶ経験はほとんどしたことがありませんでした。伝道者となって教会に遣わされてまもなく、教会を建てる信仰はどのようにして身に付くのかという問いにぶつかりました。

どこから考え始めたらよいのか、何から手を付けたらよいのか、皆目見当もつかない中で始めたのが、カテキズムを書き写すということでした。最初は榊原康夫訳のウェストミンスター小教理問答を書き写すことから始め、次に竹森満佐一訳のハイデルベルク信仰問答、外山八郎訳のジュネーヴ教会信仰問答と次々に書き写していきました。

周囲からは「写経だ」などと言われながら、とにかく必死でした。今にして思えば、もっと効果的で効率の良い学びの道筋があったかも知れません。けれども当時の私には、とにかくそれが唯一の方法のように思え、奉仕の合間を縫っては、すがるような思いで、これらのことばを自分の中に取り込んでいきました。

数か月がかりでこれら三つのカテキズムを書き写し終えてみると、だんだんこの作業が楽しくなってきました。それで続いて日本基督改革派教会信条翻訳委員会訳のウェストミンスター大教理問答、信仰告白を書き写し、当時新しく出た春名純人訳のハイデルベルク信仰問答、吉田隆訳のハイデルベルク信仰問答、渡辺信夫訳のジュネーヴ教会信仰問答やカルヴァンの『信仰の手引き』などを次々に書き写していったのです。またある方から、ジュネーヴとハイデルベルクとウェストミンスターの対観表を作ると良いとアドバイスを受け、自作の対観表を作って学びに用いるようにもなりました。今では色褪せたファイルに綴じたこの対観表は、大事な学びの道具として今でも活躍してくれています。

こうして繰り返しカテキズムのことばに触れ続ける中で、自分自身の信仰そのものが深く養われ、信仰の世界の扉が大きく開かれ、解き放たれたように感じました。それまではどちらかというと「教理を学ぶことは窮屈なこと」という、食わず嫌いの先入観があったのですが、実際に経験したのは、それとはまったく正反対のことでした。むしろ信仰の世界の広がり、豊かさ、大きさ、奥深さ、自由さを知りました。自分に与えられている救いがどれほどすばらしいものかを一層深く感謝できるようになりました。自分の信仰の足場がようやく固まったという確信を得るようになりました。そして、これらのことばに導かれてみことばに聴き続け、説き続けていけば、必ず教会を建てる信仰が培われ、身に付いていくに違いないという一つの確信が与えられたのです。

実際には、その後さらに体系的な学びの必要をおぼえて、しばらくの学びの時を持ったのですが、この時期に取り組んだことが、後々の大事な基礎作りとなっていきました。

4　三要文を説くこと

東京に来てから、朝の礼拝では聖書の連続講解説教をスタートし、夕の礼拝では教理的な説教、入門的な説教を語ることにしました。そこで意識的に取り組んだのが、使徒信条、十戒、主の祈りのいわゆる「三要文」を説くこと、水曜日の祈禱会でカテキズムを説くことでした。

それぞれ半年から一年ぐらいをかけて順次、夕拝での三要文の説教を続けました。この説教準備の際に役立ったのが、それまでに蓄積していったカテキズムのノートです。当初は教会の皆さんがあまりカテキズムに馴染みがなかったこともあり、説教の中で直接言及することはあまりしませんでしたが、準備の中ではジュネーヴ、ハイデルベルク、ウェストミンスターのほか、ルターの大小教理問答などを毎回繰り返して読み、準備を重ねました。

特に心に留めたのは、牧師の知識や熱心さの独りよがりな押しつけにならないようにということでした。正確に意味と意図が伝わることを心がけ、何よりもそれらが聖書の使信であることが明確になることを願ってきました。これはある程度成し遂げられたのではないかと思っています。

やがて、この三要文の説教は、朝の礼拝でも繰り返されることになりました。新しく準備を重ねて説教をすることで、自分自身も説教者として教理を説くことの大切さをますますおぼえるようになり、教会全体も信仰の道筋を整え、祈りの文法を身に付け、自由と感謝の指針を心に刻むことに共に取り組んでいったのです。

こうした取り組みを通して、教会全体の信仰のかたち、教会全体の「霊性」が少しずつ輪郭を見せるようになったと思います。教理を学ぶこと、カテキズムに親しむことは、教会にとってごくごく自然な営みになっていきました。皆さんの信仰に健やかさと余裕が生まれてきたようにも思います。教会全体に熱心さと共に落ち着きが見られるようにもなりました。

また何と言っても、主イエス・キリストにある喜びと自由を味わう雰囲気が現れてきたようにも思います。もちろん課題は絶えずあるのですが、それでも、地道な学びの繰り返しを通して霊性が涵養されていく営みそのものが、教会を建てる信仰の形成なのだと考えています。そしてそのような霊性が培われていくことで、さらに信仰の足腰が鍛えられ、強められていることを実感しています。

その後、夕拝でニカイア信条の講解説教を語り、朝の礼拝で共に告白するようになりました。ハイデルベルク信仰問答も、五二主日の区分に従っての講解説教がなされました。この頃には、カテキズムのことばそのものが前面に出てきても、それが聖書との深い結びつきの中にあり、みことばの下にあって、みことばを説き明かすためのものであるという理解が、十分に共有されるようになっていきました。

また時代の状況を見据える中で、バルメン宣言に基づく説教もおこなわれました。礼拝説教としてこの文書を取り上げることは、いささかチャレンジングなことでしたが、雨宮栄一先生の『神のことばはとこしえに保つ――バルメン宣言による説教』（新教出版社、一九八四年）に励まされ、後押しされるような思いで、これに取り組むことにしました。思いがけないことに、この夕拝の様子は、ナチ時代の教会の抵抗を取り上げた朝日新聞大阪本社の夕刊記事になりました。東京の片隅の二十名足らずの小さな礼拝の姿が、時代の中で一つの意味を帯びるという責任の重さを実感したエピソードです。

このような取り組みに、教会の皆さんもよく励んでくださいました。みことばに聴き続け、みことばに基づく教理のことばに聴き続けることで、地道にではあっても着実に、教会の足腰が強められ、しっかりと地に足の着いた信仰、教会を建てる信仰が育まれていったように思います。

やがてこれらの取り組みは『バルメン宣言を読む――告白に生きる信仰』（二〇一一年、増補改訂版二〇一八年）、『ニカイア信条を読む――信じ、告白し、待ち望む』（二〇一六年）、『ハイデルベルク信仰問答を読む――キリストのものとされて生きる』（二〇一七年）（いずれもいのちのことば社刊）としてまとめられることになりました。一つの地方教会の取り組みの証しです。

5　祈りを整える

「教会を建てる信仰」の形成の上で、とりわけ大切なのは「祈りを整える」ということです。個人の祈りの充実と共に、教会の信仰という点では、牧師や役員が祈る公的な祈りが豊かにされ、整えられることが大きな意味を持っています。それは教会全体の祈りを充実させ、一人一人の祈りの生活を豊かにし、教会全体の霊性が整え上げられていくための、大事なスイッチのようなものだと思うのです。

まず取り組んだのは、主日礼拝の中での祈りの位置づけと意味づけを明らかにすることでした。一つは従来「開会の祈り」とされてきた祈りを、続く聖書朗読と説教の前の「聖霊の照明」(illuminatio) を求める祈りとして位置づけることにしたのです。この祈りによって、聖霊の助けなしにみことばを悟り得ない私たちの現実と、みことばをもたらしてくださる聖霊への待望の信仰が培われるようにとの願いを込めました。ヨハネによる福音書14章26節で主イエスが言われた「弁護者、すなわち、父がわたしの名によってお遣わしになる聖霊が、あなたがたにすべてのことを教え、わたしが話したことをことごとく思い起こさせてくださる」との約束への信頼のゆえです。

もう一つは「とりなしの祈り」の再確認です。かつては礼拝の中で「牧会祈禱」と呼ばれていたのですが、これを「とりなし」として、その祈りの意味を明確にし、礼拝の後半、説教が語られ、応答の賛美を歌い、信仰告白として使徒信条やニカイア信条が告白されるのに続いて、「とりなしの祈り」がささげられるようにしました。

礼拝式順を変更してからしばらくは、この祈りは牧師が祈るようになっており、そこでは十分に整えられた祈りをささげることを心がけました。牧師が祈る祈りが、信徒たちが祈る時の一つの手本となることを願ってのことです。その後、とりなしの祈りは、役員の兄姉方が担うようになりました。役員が、群れを牧するために大切な務めに就いていることを教会全体で確認するためでもあり、役員の方々にも、群れの祈りの模範となってほしいと願ってのことでした。役員会の中で、祈りの学びをしました。とりなしの祈りとは何か、役員がこの祈りを祈ることの意味は何か、とりなしの祈りで祈られる事柄は何か、そして実際にどのようにして祈りのことばを整えていったらよいかを共に学んだのです。

最初は少々おぼつかない祈りであった時期もありましたが、次第にそれぞれの役員の兄姉方の個性やことば遣い、心に強くある祈りの課題などの色合いが出てきて、それぞれ、その人らしい祈りになっていったことも、教会の豊かさの証しとなりました。

毎週、役員によって祈られるとりなしの祈りは、群れの一人一人の生きている現実を見据え、弱さや病、試みの中にある神の家族たちへの愛に溢れた、まことに行き届いたもので、心を合わせていると、時に涙が込み上げてくるような祈りです。こうした祈りによって教会が建てられていっているることを、祈りを聴いてくださっている主に心から感謝しています。

6　会議を整える

「教会を建てる信仰」という時に、大切にしたいもう一つのことがあります。それは「会議を整える」ということです。教会の法や規則を重んじること、制度や秩序を整えること、教会の政治に関することと言ってもよいでしょう。

こう言われると、「いったい信仰と政治とにどんな関わりがあるのか」と訝《いぶか》しく思う方があるかも知れません。互いに神を信じる者同士、法や制度、秩序などという堅いこと、政治などという俗なことを持ち出す必要はないのではないか。互いに愛し合い、信頼し合っていけば、教会はちゃんと建てられるのではないか。

確かにこの声には十分聞くべきところがあります。本来、教会とはそういうものでしょうし、またそうあってほしいと願います。しかし実際には、教会もまた法を必要とし、制度を必要とし、秩序を必要とします。教会の運営のための様々な約束事、取り決め、人の配置、お金の動きといった「政治」が必要となるのです。それらが時には、信仰の筋道から外れて動き回ることで、教会が建てられるどころか、むしろ傷ついたり、痛んだり、倒れかけたりすることもあるのですが、だからといってこれらを否定すればよいかといえば、そうではありません。信仰の事柄として、教会を建てる方向性の中で、法や規則、制度や秩序、教会政治の事柄をよく理解し、吟味し、位置づけて、それをよく用いることが求められているでしょう。

かつて神戸改革派神学校で学んでいた折、卒業近くの学期に「教会規程」のクラスがありました。信仰基準、政治基準、訓練規定、礼拝指針、会議条例など、長老主義の法体系を学びながら、ある時のやりとりが強く印象に残っています。どうしてこれほどに詳細な教会規程が必要なのか、という問いかけに対して、講義を担当されていた講師が、「それは教会が罪人の集まりだからです」と言われたのです。ハッとさせられることばでした。そしてずいぶん悲観的なことを言われるな、と思いました。講師は続けてこんなことを言われました。「皆さん、教会は愛だけでは建ちません。善意だけでは建ちません。人間は必ず罪を犯します。人間は罪を犯すという前提で、それによって教会がこれ以上崩されないための下支えをするのが教会規程の役割です」。

このことばは、私の心に深く刻まれるところとなりました。私たちは教会を理想化しやすいものです。愛し合う交わりに大いに期待します。兄弟姉妹の交わりに憧れます。教会に天国の姿を見ようともします。それらは決して否定されるものではありません。けれども、もしそのようにしか教会の姿を見ることがないとすれば、大きな躓きの石を見落とすことになるでしょう。

教会が法や規則、制度や秩序を整えるのは、人間的な駆け引きの政治や、ボス支配を持ち込むためではありません。むしろ私たちが互いに罪深い人間であり、人に躓きやすい人間であり、愛だけでは生きられない限界があることを認めて、それでもなお教会が崩されることなく、建て上げられていくことを目指しての、一つのリスク管理という側面もあるのです。その意味でも、教会がきちんとした会議をおこなうこと、決議したことに責任を負うこと、法や規則、秩序を重んじること、それらを霊と俗の二元論の中に持ち込まないことなどは、大切な姿勢であろうと思います。

よく、「教会形成は役員会形成である」と言われます。まことにそのとおりだと思います。一致して霊に燃え、主に仕える役員会、自由闊達に議論し、時には率直に意見を交わしながらも、最後には志を合わせ、祈りを合わせることのできる役員会は、教会の原動力となるものです。

私が今の教会に赴任した当初、役員会の中で私が一番年下でした。社会経験豊かな方々、信仰歴の長い方々に囲まれながら、いつも教会を建てるための奉仕の姿勢に教えられてきました。時には長時間にわたる議論もありました。率直なことばが交わされることもありました。時にはその場の空気がこわばるようなこともありました。臨時の集まりを平日の夜に持つこともありました。牧師が病に倒れた時には、緊急の対応を話し合ってもくださいました。牧師家庭の生活によく心を配ってくださり、様々な奉仕の場に送り出してもくださいました。何よりも、一緒に牧会の重荷を担い続けてくださいました。

群れの一人一人の痛みや悲しみを我がことのように引き受け、教会の課題を担い、とりなしの祈りを祈りつつ、その解決のための道を模索し、時を惜しまず、犠牲を厭わずに懸命に働く役員会。牧師も役員も互いに信頼し合い、尊敬し合い、感謝し合い、その思いをことばにして伝え合うことのできる役員会。まさにそこで語られるのは確かに教会を建て上げることばです。

良い役員会に恵まれた牧師は幸せです。良い牧師に恵まれた役員会も幸せです。そしてそのように互いを喜び合う牧師と役員を持つ教会はまことに幸せなものだと思います。

第九章　交わりに生きる教会――コイノニアとディアコニア

1　初めての奉仕

私は高校一年生のクリスマスに洗礼を受けました。その一週間後に父を天に送るという経験をしましたが、このことを通して「イエスさまを頼りとして生きていこう」という信仰が与えられました。悲しみや寂しさはあったものの、十六歳の私の心の内には、イエスさまのために生きたいという熱い思いがありました。

一緒に洗礼を受けた同級生の幼なじみがいました。彼と二人で、何か今までと違ったことをしようと相談を始めました。そこで考えついたことが三つありました。一つ目は教会の祈禱会に参加すること、二つ目は何か教会の奉仕を担うこと、そして三つ目が、自分たちの手で同世代の高校生のための伝道集会を始めるということでした。

水曜日の夜七時半からの祈禱会に初参加の日。張り切った高校生二人は、開始一時間も前に教会に着いてしまいました。手持ちぶさたになっている私たちの様子を見て、若い伝道師の先生が、「祈禱会の準備を手伝ってくれないか?」と声をかけてくれました。そして集会室に掃除機をかけ、テーブルを並べ、台ふきで拭き、椅子を整え、座布団を揃え、聖書と聖歌、週報や祈りの課題を記した紙を何か所かに並べ、玄関先にスリッパを並べるという準備を、伝道師の指示のもとに一つ一つおこなっていきました。

私も友人も、それまでまともに部屋の掃除さえしたこともないような二人です。毎週教会に来ても、そこにはいつも当たり前のように集会の準備がされており、終われば片付けのことなど考えもせずに一目散に家に帰っていたような二人です。しかしこの準備を通して、「教会の一つの集会が開かれるために、こんな準備があったのだ」と気づかされ、それまで、そのようなことをまったく知らずにいた自分に、何か恥じ入るような気持ちになりました。そして三十分ほどで準備を終えた時、伝道師の先生がにこにこ笑いながら「ごくろうさん、二人が来てくれて本当に助かったよ」と言ってくれたことばが、何ともうれしく、誇らしいものだったことも忘れることができません。

その時、先生が私たちにこう言われました。「これから、毎週少し早めに来て、祈禱会の準備をしてくれないか」。もちろん即決即答でした。それからというもの、毎週水曜日、友だちと二人、夜七時前に教会に来て、祈禱会の準備をすることが、私たちに任せられた最初の教会奉仕になりました。そのうち、机の並び方の角度や椅子を揃える間隔に気を遣ったり、聖書三冊と聖歌六冊を並べるとちょうど高さが揃うことに気づいたり、週報や印刷物を手にしやすいよう、並べ方に工夫したりと、自分たちに任せられた奉仕を担うことが、教会を建てることにつながっている、イエスさまに仕えることにつながっているということを、体験的に学ぶようになっていったのです。

2　初めての祈禱会

こうして出席した最初の祈禱会の印象は、まことに鮮烈なものでした。夜七時半近くに教会に人人が集まってきます。玄関先に立ってスリッパを並べる高校生二人を見て、皆さんが「おや、どうしたの？」、「新顔登場だね」、「ありがとう、ごくろうさま」と声をかけてくれるのにいちいち照れ笑いしながら、しかしそうやって集ってくる皆さんの姿に、こちらの心も強く動かされていました。

毎週日曜日に会っている人々です。小さい頃から知っている教会のおじさん、おばさんたち、お兄さん、お姉さんたちです。でも日曜日に会う姿とちょっと違う。お父さんたちは仕事場から直行で、ネクタイにスーツ姿で大きなカバンを抱えています。学生の人たちは講義を終えて自転車で息を切らしながら駆けつけてきます。そうかと思うと、いつも教会にいるお母さんたちの姿は平日の夜には見えません。水曜日の朝の祈禱会に多く集っていたのです。

日曜日の教会の姿しか知らなかった私にとって、水曜日の夜の教会の姿は印象深いものでした。

日々の生活の中に信仰がある。日々の仕事や学びの中に祈りがある。信じることと生きることのつながりを学んだ大事な経験です。

やがて時間になると、テーブルを囲んだ三十名ほどで聖歌を歌い、祈りによって祈禱会が始まりました。当時、私たちの教会の祈禱会は、前半は伝道師の先生が導く聖書研究、後半が祈禱課題を分かち合っての祈りの時で、約一時間半の集会でした。礼拝説教や教会学校の中高科の雰囲気と違って、ちょっと難しめの聖研があり、先生の質問に大人もいろいろと悩みながら自分の考えを言い合う。聖書を学ぶというのは簡単なことではないけれど、でも何か魅力を感じた時でした。続いて祈りの時間になると、丁寧に教会の祈禱課題が分かち合われます。教会員の消息、病気の方の様子、求道者のため、他教会のため、様々な祈禱課題が挙げられるのを聞きながら、こんなことが祈られていたのだと知りました。そして、洗礼を受けた私たちのためにも長い間の祈りがあったことも知ったのです。

祈禱課題が挙げられた後、二人一組で祈る時になりました。隣に座っている方から「では、祈ってほしいことを言ってください」と言われ、何をお願いしたかはおぼえていませんし、その方がどんな祈りのリクエストをされたかもおぼえていないのですが、ともかく二人で祈禱課題を分け合って、教会の祈り、互いのための祈りを祈ったことをおぼえています。

祈禱会に集うようになって、教会のことをもっと身近に感じるようになりました。そればかりでなく、祈禱会に集うことで、自分がこの教会の一員であるという自覚を強く持つようになりました。自分も祈られている一人であり、また自分も祈っている一人だということをおぼえるようになり、それによって、自分もこの交わりに生かされていることを身をもって教えられました。高校一年の冬から始まった祈禱会出席を通して、私自身の「教会を建てる信仰」は養われ、育まれたのです。

3　礼拝への途上で、視線を高く挙げて

教会の交わりを考える時、祈りの集いの持つ意味の重さは強調して、しすぎるものではないでしょう。しかし、実際には社会の忙しさや生活の多様化の中で、週日の祈禱会を維持することは簡単ではなくなってきています。すでに祈禱会が休止になっている教会もあるでしょうし、毎週でなく月に一度という教会、平日でなく日曜日の午後に、という教会があることも聞きます。それぞれの様々な工夫があるでしょうが、それでも祈りの集いを絶やさないことは、教会にとって生命線と言えるかも知れません。

週の半ばの祈禱会、それは礼拝から送り出され、礼拝へと向かっている一週間という旅路における、途上の給水ポイントのようなものです。信仰の旅路の途上で、一緒に集まってみことばによって渇きを癒やし、信仰を養われ、心を合わせて共に祈り、またそこから後半の旅路へと送り出され

ていく。この日々の祈りの歩みが、そこでささげる小さな祈りの積み上げが、神の国の完成を目指す、神の民の大きな旅路の中の一里塚となっていく。そして「御心が天でなるように、地にも」と祈る祈りが、私たちの現実となっていく。天と地を結ぶ祈りのはしごが、あの祈りの集まりにおいて架けられているのです。

祈禱会の恵みを挙げればいくつもありますが、私が毎週のように経験するものの一つは、祈りを通して視線が高くされ、広げられるということです。礼拝から始まる一週間も、月曜日からの忙しさの中に身を置くと、ついつい自分の見える世界が狭く、小さく縮こまってきます。目の前の現実に囚われて、足元や目先のことばかりに心が支配されてしまうのです。

牧師として生きる日々の中でも、もちろん毎朝の主との交わりの中で養われているとはいえ、時に自分の弱さを感じることも少なくありません。けれども、水曜日の朝に夕に、教会で一緒に祈る仲間がいることにどれほどの慰めや励まし、力を受けてきたかわかりません。年に数度、泊まりがけの奉仕で月曜日から水曜日まで留守にして、水曜日の夜に教会に戻ってくることがありますが、夜の祈禱会の輪の中に滑り込むようにして加わる時、からだは疲れていても、その疲れが癒やされていくのを感じます。そして自分自身の信仰が、この交わりで生かされていると実感するのです。

祈禱会では、週報に記す祈禱課題を分かち合って祈ります。前章で触れたように、私たちの教会の週報には毎週十以上の祈禱課題が掲げられます。身近な祈りから、この町のための祈り、国のための祈り、世界のための祈りまで、祈りの視野をなるべく広く取りたい、小さな群れの小さな祈りであっても、世界を担う祈りをしたい、という願いを込めてのことです。

ある方が初めて私たちの教会の礼拝に出席された時、この週報の祈禱課題を見て驚いたと言われました。そしてこの祈りを一緒に祈る中で、やがてこの群れに加わってきてくださいました。二人、三人の祈りでも、私たちが祈る時、私たちの視線は目先のことから、足元のところから次第に高く挙げられて、視野が広がっていきます。世界が祈りの視野の中に入ってくるのです。そうして祈る時に私たち自身が力づけられていきます。

まさに祈りは神が与えてくださった「恵みの手段」であり、これを繰り返し用いることで神の恵みにあずかるとすれば、そのようなせっかくの手段を眠らせておくのは惜しいことです。しばしば「祈ることしかできませんが……」と声を耳にします。けれども何か言い訳のような「祈ることしか」でなく、祈ったように生きることを信じる、そんな「祈ることこそ」と言いたいと思います。私たちが信じて祈るなら、「山をも動かす」と主イエスは言われます。大切な家族や友の救いから、重い病の癒やし、苦難からの脱出、世界の平和などなど、どれもこれも切なる祈りです。しかしなかなか私たちの手の届かないような事柄についての祈りです。

それでも、教会は祈りの手を挙げ続ける。義人の祈りは働くと大きな力があると信じ、あきらめずに祈り続けていれば、不正な裁判官でさえその声を聞くとすれば、まして夜昼叫び求めている私たちの祈りに聞いてくださらないはずがない。単純素朴に、本気で信じて祈るなら、祈った手はやがて動き出し、ひざまずいた足は立ち上がって一歩を踏み出していくでしょう。そのように、最後の手段でなく、最初の一歩として、祈ることから始まる新しい歩みに踏み出していきたいと願うのです。

4　コイノニアとしての教会

教会の交わりを祈りから考える。この道筋を大切にしたいと思います。しかも自分のための「閉じた祈り」でなく、他者のための「開かれた祈り」からの道筋です。その途上で「交わり」（コイノニア）としての教会の姿を見つめたいと思うのです。

新約聖書で「交わり」を意味する「コイノニア」は、他に「参与」、「援助」、「施し」などと訳されます。またこれとの関連で、「分け前にあずかる」、「交わりを持つ」、「参与する」、「参加する」、「協力する」、「助ける」、「援助する」などを意味する動詞の「コイノーネオー」、「喜んで分け与える」を意味する形容詞の「コイノーニコス」、「仲間」や「友」とも訳される名詞の「コイノーノス」といった表現も視野に入ってきます。

こうしてみると、聖書における「交わり」とは、一つのものを共有している姿、一つのものに一緒にあずかっている姿、それによって互いがつながり、そこから受けるものを互いに分かち合い、その分かち合いに人々が招き入れられていく姿であることがわかります。これらの姿をよく理解することが、コイノニアとしての教会を考える大事なポイントです。

コリントの信徒への手紙一10章16節でパウロは次のように言っています。「わたしたちが神を賛美する賛美の杯は、キリストの血にあずかることではないか。わたしたちが裂くパンは、キリストの体にあずかることではないか」。

ここで繰り返し「あずかる」と訳されるのが「コイノニア」です。それは主の晩餐の食卓に共にあずかることを指しています。私たちの交わりが成り立つのは、私たちの罪の贖いのために十字架において肉を裂き、血を流してくださったみ子イエス・キリストのゆえであり、このキリストにあずかる交わりこそが、教会のコイノニアの原点です。

次にローマの信徒への手紙15章26節には次のように記されます。「マケドニア州とアカイア州の人々が、エルサレムの聖なる者たちの中の貧しい人々を援助することに喜んで同意したからです」。ここには教会の交わり、コイノニアの持つもう一つの大切な側面が記されています。それは教会の交わりが、他者に向けて開かれ、他者を助け、援助し、協力するという奉仕的な性格を持っているということです。

ここで「援助」と訳されるのが「コイノニア」です。そこでは「援助する側」と「援助される側」が「与え手」と「受け手」という、ともすると上下、優劣の関係になりかねないお互いが、キリストにあるがゆえの交わりの関係と言われるのです。与え手は単に与え手に終始することなく、受け手もいつまでも受け手に終始することなく、互いの関係が固定化することはありません。そこでは与える側も受ける側も互いに、主イエス・キリストを通してのコイノニアにあずかっているのです。

5　主イエスとディアコニア

コイノニアとしての教会の姿には、本来的に「仕える」という奉仕的な性格が備えられていることに気づかされます。教会にとっての「ディアコニア」の課題です。

福音宣教の歴史を振り返ると、そこには絶えず、隣人に対する、しかも「いと小さき者」に対する奉仕のわざがありました。教会は自らが少数者であり、迫害にさらされている時から、貧しい者を助け、病む者を看取り、孤児ややもめ、在留異国人を支え、虐げられている人の傍らに寄り添い続けてきたのです。

日本においても同じことが言えるでしょう。医療、福祉、子女教育などの面で、キリスト者が果たした役割は大きなものです。しかし、いくつかの先駆的な働きをほかにして、今日の多くの教会が、これらのディアコニアの役割を十分に深め、担い、展開してきたとは言えないのではないでしょうか。

しかし、これからの教会に与えられている大きな課題として、あらためてディアコニアの問題をきちんと考えることが必要だと感じています。特に二〇一一年三月一一日の東日本大震災の経験は、教会のディアコニアの使命を再確認させる機会となったと思います。

新約聖書において「ディアコニア」の何よりの担い手は、主イエス・キリストご自身でした。マタイによる福音書20章28節で「人の子が、仕えられるためではなく仕えるために、また、多くの人の身代金として自分の命を献げるために来た」と言われます。ヨハネによる福音書13章14節、15節では、自ら弟子たちの足を洗いつつ、「主であり、師であるわたしがあなたがたの足を洗ったのだから、あなたがたも互いに足を洗い合わなければならない。わたしがあなたがたにしたとおりに、あなたがたもするようにと、模範を示したのである」と言われ、34節で「あなたがたに新しい掟を与える。互いに愛し合いなさい。わたしがあなたがたを愛したように、あなたがたも互いに愛し合いなさい」と言われました。

また主イエスはルカによる福音書10章25節以下において、律法の命じる主への愛と隣人への愛が、実践を伴うべきものであることを示され、良きサマリヤ人へのたとえを用いて、憐れみの愛を示すことの大切さを説き、その結論として「行って、あなたも同じようにしなさい」と語られました。

公民権運動の指導者で、今年没後五十年を迎えたマーティン・ルーサー・キング牧師は、このテキストを説いた「良き隣人であること」という説教の中で、サマリヤ人の示した愛を「普遍的な愛他主義」、「危険な愛他主義」、「過度の愛他主義」と表現しましたが、まさにそれはキリストご自身の示された愛そのものでした（蓮見博昭訳『汝の敵を愛せよ』新教出版社、一九六五年）。

さらに主イエスは、マタイによる福音書25章31節以下の終末についての説話で、み国を受け継ぐ祝福された者たちへの王のことばとして「はっきり言っておく。わたしの兄弟であるこの最も小さい者の一人にしたのは、わたしにしてくれたことなのである」と言われ、ディアコニアが「最も小さき者たち」への具体的なわざであることを示されました。ディアコニアはまず、主イエスご自身を通して私たちに現れたのです。

6　教会とディアコニア

教会とディアコニアの関係を考える上で、一つの出発点となるのは、使徒言行録6章1節以下に記されるエルサレム教会の執事選出の姿です。「そのころ、弟子の数が増えてきて、ギリシア語を話すユダヤ人から、ヘブライ語を話すユダヤ人に対して苦情が出た。それは、日々の分配のことで、仲間のやもめたちが軽んじられていたからである。そこで、十二人は弟子をすべて呼び集めて言った。『わたしたちが、神の言葉をないがしろにして、食事の世話をするのは好ましくない。それで、兄弟たち、あなたがたの中から、〝霊〟と知恵に満ちた評判の良い人を七人選びなさい。彼らにその仕事を任せよう。わたしたちは、祈りと御言葉の奉仕に専念することにします』。一同はこの提案に賛成し、信仰と聖霊に満ちている人ステファノと、ほかにフィリポ、プロコロ、ニカノル、ティモン、パルメナ、アンティオキア出身の改宗者ニコラオを選んで、使徒たちの前に立たせた。使徒たちは、祈って彼らの上に手を置いた。こうして、神の言葉はますます広まり、弟子の数はエルサレムで非常に増えていき、祭司も大勢この信仰に入った」。

使徒言行録2章44―45節には、ペンテコステ後の教会の姿が「信者たちは皆一つになって、すべての物を共有にし、財産や持ち物を売り、おのおのの必要に応じて、皆がそれを分け合った」と記されています。しかしやがて信者の数が増えていくにつれて、ギリシア語を使うユダヤ人たちの中の、特にやもめたちが日々の配給でなおざりにされる事態が起こり、使徒の提案によって「〝霊〟と知恵に満ちた評判の良い人」が選ばれて、「食事の世話をする」ことになったのでした。そこで「祈りとみことば」のディアコニアと、「食事の世話」のディアコニアが成り立っていきました。

やがて、「食事の世話」のディアコニアは、「執事」（ディアコノス）という教会の務めとして確立していくことになります。ローマの信徒への手紙16章1節で「ケンクレアイの教会の奉仕者でもある、わたしたちの姉妹フェベ」、フィリピの信徒への手紙1章1節では「監督たちと奉仕者たち」

という時の「奉仕者」とはディアコノス、執事たちのことです。またテモテへの手紙一3章8節から13節では、初代教会において「奉仕者」、「執事」に求められる資質が述べられるまでに、この務めが定着していったことがわかります。このように教会は、ディアコニアのわざを担う働き人を立て、そのわざを継続していったのでした。

7 宗教改革とディアコニア

このような教会のディアコニアの務めは、古代から中世にかけて修道会が中心的な担い手になる一方で、行政機関が潤沢な資金を用いて受け持つようになっていき、次第に教会の手から離れていくようになりました。

これを再び教会の務めとして受け取り直したのが、宗教改革の出来事です。ルターによって信仰と善きわざの理解が聖書的に回復されたことにより、貧者や社会的弱者に対する慈善の働きは、救いのための功績という位置から、神と隣人にしもべとなって仕えるという、「キリスト者の自由」に基づいた奉仕として回復します。

またこの時代、執事の務めを相応しく位置づけたのが、「ディアコニーの神学者」と呼ばれるストラスブールの改革者マルティン・ブツァーでした。ブツァーにとって福音主義的な信仰とは、とりもなおさず「愛において働く信仰」であり、隣人愛の実践を教会形成の中心に据えていたのです。

ブツァーは、その主著『牧会論』（一五三八年）第四章において、「主がどの時代の教会にも与えられる普遍的仕え人は、牧師と教師、および教会全体の貧しい者たちを世話する執事である」として、教会の仕え人の務めを「教えと霊的訓練との務め」と「肉的必要の務め」に整理し、「教会の一般的配慮は、いつも主として二つの務めからなることがわかる。それは牧会の務めと、貧しい者たちに対する肉の世話の務めである」としたのです（南純訳『宗教改革著作集6　ツウィングリとその周辺Ⅱ』教文館、一九八六年）。

このブツァーの執事職の理解から学び、それをもって自らの改革において発展させたのがジュネーヴの改革者ジャン・カルヴァンでした。十六世紀中頃、ジュネーヴにはフランスから宗教的迫害を逃れてきた亡命者が多数滞在していました。市民たちは、亡命者の中でも特に困窮する人々を助ける目的で、金銭を出し合って基金を設立します。これが「ジュネーヴ・フランス人基金」と呼ばれるものです。カルヴァンは同郷の亡命難民にとりわけ手厚い支援の手を差し伸べ、頻繁に寄付をおこなっていたようですが、それ以上に、市当局によらないこの自発的な基金を用いて、困窮する貧しい人々に執事的な働きを展開していったのです。

こうしてジュネーヴの教会ではかつて初代の教会が実践していたディアコニアの働きが回復され、カルヴァン自身もブツァーの職制理解をさらに整理して、牧師、教師、長老、執事の四重職制を定めると共に、地域の人々に対する奉仕の働きを進めていったのでした。

8 教会を開く

教会にとって、ディアコニアの課題は大きなチャレンジです。なぜならそこでは「教会を開く」ことが求められるからです。教会も人の集まりゆえに、意識していないとどんどん閉鎖的になり、保守的になっていきます。気心知れた人々と、いつものように集まって、自分たちの中で共有されているものを確認し合うということだけで満足しやすいのです。新しい見慣れない人が加わると、調和や平穏が乱される。「まさか」と思われる方があるかも知れませんが、現実にそういう教会があることを見聞きします。

その一方で、地域に教会を開いていく様々な取り組みがあります。高齢者のために、子どもたちのために、社会の中で居場所を求める人々のために、教会を開いて、仕えていこうと、努力して自分たちのあり方を変えていこうとする教会があるのです。ホームレスの方々の支援に取り組む教会があります。自殺志願者を保護し、受け入れ、社会復帰させることに尽力する教会があります。薬物依存や非行経験のある若者たちの更正のために働く教会があります。子育て中の家庭や一人親の家庭、貧困家庭をサポートしたり、心病む人々の居場所を提供したり、子どもたちが安心して食事をとれる食堂を開く教会があります。小さな教会の実践もあれば、ＮＰＯ法人を立ち上げて、専門事業として取り組む教会の実践もあります。

いずれにしても、今日、地域コミュニティーに仕えるために自分たち教会のあり方を見直し、方向付け、刷新することは、私たちにとっての大きな課題でしょう。そして実際に教会が変革される時、その始まりはほんの小さな出会いやきっかけにあることが多いように思われます。

親友のＹ牧師が、かつてある町の教会に赴任した時のことです。教会に訊ねて来た一人のアルコール依存のホームレスのＧさんと知り合いになりました。Ｇさんはあちらこちらの家を回ってはお金を無心し、もらったお金でお酒を買っては酔っ払い、道端で寝込んだりする生活を送っていて、田舎の小さな町で、彼を知らない人はいないという存在でした。

Ｙ牧師はこのＧさんとの出会いを通して、何とか彼を更正させたいと思うようになりました。そこでさっそく町役場や福祉事務所、民生委員などに連絡を取り、住まいのことや医療のことなどを相談したところ、「牧師さん、やるだけ無駄ですよ、彼はどうせ変わりませんよ」とやんわり忠告されたそうです。引っ越してきたばかりの慈善心に燃えた若い牧師が張り切っている、と冷ややかに見られていたと言っていました。実際に関わり始めてみると、周囲の忠告の意味が身にしみてわかったと言っていました。口で言うのは簡単、実際の関わりは、私の想像を超えたものだったと思います。

しかし、Y牧師はあきらめませんでした。まず彼を教会の牧師館に引き取り、一緒に生活を始めました。そしてお酒をやめさせること、教会の庭の草取りやペンキ塗りの仕事を与えて、それに僅かな対価を支払うこと、そのお金を貯めてきちんとした生活を営むよう励まし、これらの社会復帰に向けた準備に一緒に取り組み始めたのです。ことばで記せばこの程度のことですが、実際には、教会の皆さんの理解と援助、そして何よりも牧師家族の献身的な協力がなければなし得なかったことでしょう。

私も何度か、Y牧師の携帯電話が鳴って、警察や病院からの呼び出しを受けて飛んで帰る姿を見てきました。お互い子どもたちが小さかった頃のある時、二組の家族で遊びに行った時にも、途中で警察から酔っ払って一時保護しているから引き取りに来てほしいと電話が入り、時間を切り上げて家族で帰って行ったということもありました。

やがてY牧師は教会の庭に二階建てのプレハブを建て、その二階にGさんをはじめ、数名の方々を住まわせるようになり、一階には福祉作業所を開設し、商品の袋詰めや小さな製品加工の仕事を取ってきて、彼らに仕事を用意し、給料を出すという働きを始めるようになりました。こうしてこの働きは定着し、Gさんも紆余曲折を経てお酒をやめ、礼拝に出るようになり、やがて洗礼を受けるに至りました。

Y牧師は数年前に後任牧師にこの群れを引き継いで、他教会に転じていきましたが、そこでも新たに教会で療育支援を必要とする子どもたちのための働きや、一時的な保護を必要とする人々を受け入れる働きを続けています。

つい先日もY牧師を訪ねる機会がありました。ほんの数時間の滞在でしたが、その間にも、役所の福祉担当者からの電話を何度も受け、一時保護の方を引き受ける彼ら夫婦の姿がありました。Gさんとの出会いから二十年近い時を経て、Y牧師夫妻の行く先々で、教会もまた開かれ、刷新されているのです。

9　居場所となることを願って

私が奉仕している教会では、しばらく前から毎週水曜日の午後に、地域の子どもたち向けの「キッズスペースまるっこ」というプログラムを始めました。放課後に、宿題をしたり、遊んだりできる居場所を提供しようということでスタートしたものです。

広いスペースがあるわけでもありません。専門のスタッフがいるわけでもありません。魅力的なプログラムがあるわけでもありません。手狭な会堂を、日曜日の夕拝後にベンチを動かし、机を並べて、何とか場所を広げます。私たち夫婦と伝道師夫妻、数名の婦人と若者がスタッフです。折りたたみ机を二つ並べてネットを張った簡易卓球台、礼拝堂の床にテープを貼ってつくる即席ドッジボールコート、宿題スペースにおやつスペース。たったこれだけの場所ですが、スタートして二年余りの間に、平均で三十名を超える子どもたち、しかも、これまで一度も教会に出入りしたことのなかった子どもたちが押しかけて来るようになりました。

始まりは小さな祈りでした。地域の子どもたちや家庭に届く働きがしたい。子どもたちが安心して過ごせる居場所になりたい。牧会スタッフのミーティングで概要を定め、教会の役員会に提案し、準備を重ねながらも、実際に地域にそうしたニーズがあるのかもわからない。始めたところで子どもたちが来る保証もない。家庭に必要とされるかもわからない。そんな手探りの準備を続けていた最中に、地域の福祉事情に詳しい方に相談する機会がありました。するとその方が言われました。「ニーズのない地域はありません。ぜひ教会が取り組んでください」。

このことばで決心がついて、案内チラシを準備し、ホームページを作成し、近隣にチラシを配り、地元の小学校の校長先生に面談に行き、下校時の子どもたちにも案内をしました。こうしてスタートした「まるっこ」も、初回は開始から一時間半たってようやく来たのが二人の子ども。「二人も来てくれた！」と、こんなに喜んだ自分がかえって新鮮に思えるほど、一人一人の存在が尊く思えました。それから少しずつ集まる子どもたちが増えていったのです。

子どもたちの生きている現実は過酷です。離婚家庭、貧困家庭、愛情の不足をおぼえる子どももいます。勉強についていけない子どももいます。友だちと関係をうまく作れずに悩む子どももいます。障害を持つ我が子を愛せないと悩む母親がいます。粗暴なことばや態度で大人の愛情を試すような子どもたちがいます。しかしそんな子どもたちの一人でも、ここに来れば安心できる。自分が受け入れられていると感じることができる。自分を愛してくれる愛がある。自分が自分であることが大切にされる。そんな神の愛が伝わるならば、それは教会にとってまったく本来的なことが起こっていると言えるでしょう。そして事実、愛されることを感じて、少しずつ表情が穏やかになり、ことば遣いが変化している子どもたちがいるのです。

時々、この働きを知った方から「そこに来ている子どもたちにどうやって伝道しますか？」と訊ねられることがあります。そんな時には、「ひたすら一緒に遊ぶことです」と答えます。神に愛されている一人の存在を喜び、尊び、愛すること、それが主イエス・キリストの愛を伝える何よりの伝道だと思うのです。

彼らとこの先どこまで関わりが続くかはわかりません。毎週子どもたちに振り回され、終わってみればぐったりするような体力勝負です。先の見通しも定かでない、まだ始まったばかりの小さな働きです。それでも、この働きは、私たちの教会にとって本質的な意味を持っていると思っています。教会が自らを開く時、そこに新しい出会いが起こります。その新しい出会いを通して、私たち自身が変えられていきます。こうして交わりに生きる教会は、その器を広げられ、深められ、生かされていくのです。

第十章　嵐の中の教会

1　八月、国会前で

二〇一五年八月三〇日は暑い日曜日でした。この時期、国会前では連日のように、安保法制に反対する抗議デモが続けられていましたが、法案審議が山場を迎えて、大規模なデモが呼びかけられたのがこの日でした。教会でも毎週の祈禱課題に、この国の為政者たちのため、現在の政治状況のための祈りの課題が挙げられ、祈禱会でも法案審議の行く末を案じる祈りがささげられ続けていたこともあり、私自身も連日のように国会前に足を運んでいました。

そんな中で迎えたこの日曜日。いつものように、早朝礼拝から教会学校、朝の礼拝を終えて、礼拝後の報告で次のような呼びかけをしました。

「今日は午後から国会前に行こうと思っています。もし行こう、行きたいという方がおられたら一緒に行きましょう」

こうして、この日の午後、呼びかけに応じてくれた十数名の教会の仲間たちと一緒に、国会前に出かけていきました。玄関先で「行きたいけれど、祈りで参加します」、「思いを託します」という高齢の姉妹方や、「戦争ハンタイって言ってきてね」という小学一年生の女の子のことばに送り出されて、電車を乗り継ぎやってきた国会前は、すでに多くの群衆で埋め尽くされていました。

天気予報のとおり、途中で降り出した雨が次第に強くなる中、議事堂前の開放された車道を埋め尽くす十二万人とも言われる群衆の中にしばし立ち続け、共に声を挙げ、地下鉄の駅階段付近で集まって、皆で心を合わせて祈りをささげて帰路につきました。

雨と汗に濡れた体で教会に戻って一息つき、夕方五時からいつものように皆で夕の礼拝の席に着き、賛美をささげ、祈りをささげ、みことばを聴いて終わった長い夏の一日が、強く印象に残っています。

オランダの改革派神学者アーノルト・A・ファン・ルーラーは、朝、礼拝に行き、午後にはアヤックスやフェイエノールト（オランダのプロサッカーチーム）を応援して、その後、夕拝に集うことは聖化にとって本質的だという趣旨のことを語ったと聞いたことがあります。聖と俗の二元論を嫌い、日常の大切さを強調し、喜びは愛以上のものだと論じたファン・ルーラーらしい表現と思います。そしてこの礼拝で始まり、デモに行き、夕拝で終わった夏の一日もまた、まさに私たちの信仰にとって本質的なことが現れた時であったと思っています。

2　教会の政治的ディアコニア

「日曜日に牧師が信徒たちを引き連れてデモに行くなんて！」と眉をひそめる方があるかも知れません。そもそもデモに参加することが問題だという批判もあります。こういう指摘を受けることがあります。「牧師が特定の政治的な立場をとるべきではない」、「信徒の中にはいろいろな政治的な立場の人がいるのだから、そういう人に配慮すべきだ」、「教会は霊的なことに関わるもので、政治的なことや社会的なことに関わるべきではない」。

こういうことばが聞こえてくるのには、それなりの理由があります。教会もまた社会の中に生きている以上は、何らかの意味で政治性を帯びざるを得ず、その時々の社会の状況に対して、様々に応答をしてきました。しかしそこでの応答の仕方、教会の政治的な事柄への関わり方によって、時に教会の中に混乱が生じたり、それによって思わぬ亀裂が走ったり、かつて教会が大きく傷ついた時代があったりしたことは事実であり、今なおその影響は完全に払拭されているとは言えません。

しかし、だからといって教会が遣わされているこの世の現実に対して目をつぶり、背を向けて、自分たちだけの安逸の中に閉じこもっていくことは、神のみこころなのだろうかと問われます。むしろ地に住み、誠実を養うようにと教えられ、地の塩、世の光として召された教会は、平和を造り出す者としてこの世界のただ中に置かれ、この世のためにとりなす祭司の務め、この世に神のみこころを伝える預言者の務め、この世をみことばによって正しく治める王の務めを委ねられています。それは教会が、神から託されたこの世界を、その究極の支配者である神ご自身にお返しするために為す奉仕のわざであり、大事な政治的ディアコニアの課題なのだと思います。

カール・バルトは『教会教義学』の和解論Ⅲ／四の「教団の奉仕」において、次のような重要な指摘をしています。「どんな説教も福音伝道も魂の配慮も、同時にディアコニーの活動である必要がないような――あるいはそれを直接間接に包含する必要がないようなものは存在しないが、同様に、ディアコニーが、ひそかにかあらわにか同時に説教・福音伝道・魂の配慮でもある必要がないというようなディアコニーの形式も存在しない」（井上良雄訳、新教出版社、一九八六年）。

さらにバルトは次のようにも言います。「ディアコニーにおいては、教団は、イエス・キリストにおいて起こった和解や御国や神と隣人への愛の全体的（コスミッシュ）性格を――したがって教団が説教・福音伝道・魂の配慮ミッション等においても人々の間でしなければならぬ証しの内容の全体的（コスミッシュ）性格を、少なくとも徴として示す機会を持つのである。すなわち、特に肉体的・物質的に生きる人間のために――したがって全人間のために自分を捧げることのところにおいてこそ、教団は、そのような機会を持つのである。そこでは教団は、その使信が結局はことば・思想・観念・感情であって、精々ある種の道徳的要求にすぎないなどという誤解を免れる」（前掲書）。

ここで目を留めたいのが、主イエス・キリストの「全体的」（コスミッシュ）性格と、主イエスの証しの内容の「全体的」（コスミッシュ）性格の結びつきです。そこでは主イエスの存在とみわざ、とりわけ愛のみわざの全体と、主イエスの証言の全体とが密接かつ相互内在的に結びつき、しかもそれらが抽象的・観念的な仕方でなく、きわめてリアルなものとして、しもべとなられた主イエス・キリストのリアリティーに沿った仕方で実現しているのです。

この視点から考える時、教会の政治的ディアコニアの使命もまた、その輪郭をより明瞭にしていくのではないでしょうか。教会が政治的な事柄に関わるのは、それが人間のいのちの尊厳や良心の自由の問題と深く結びつくからです。教会が平和を求めるのも同様です。正義と公正が守られ、平和が追い求められ、人の尊厳と自由が保障され、とりわけ小さくされた人々の存在が十分に守られるために、教会は政治的領域においても仕える役割を与えられています。

もちろん教会は政治団体ではありませんから、直接に政治的な力を行使することはありません。けれども為政者たちに正しい政治をおこなうように働きかけること、社会に対して正義と公正と平和の価値観を示し続けること、虐げられた人々の側に立って、共に声を挙げ、その声を代弁することは、教会の政治的ディアコニアの大事な役割と言えるでしょう。

特に三・一一以降の日本の社会や政治の状況を見る時に、教会が果たす政治的ディアコニアの務めの重要性は増していると言わなければなりません。教会は福音を「伝える教会」であると共に、その福音が届けられていく人々とこの世に「仕える教会」としても召されています。その召しに応えるようにと、この時代、この国に生かされている私たちは呼びかけられているのです。

3　嵐の中の教会

神学校時代から幾度となく繰り返し読み続けている一冊に、オットー・ブルーダーの『嵐の中の教会』（森平太訳、新教出版社、一九六〇年）があります。もはや古典の部類に入るかも知れません。初版発行以来、教会で長く読み継がれてきた書物です。

ヒトラー率いるナチ政権が台頭し、教会も全体主義国家の中に取り込まれていった一九三〇年代初頭のドイツの小さな村に、ナチの支配がひたひたと忍び寄り、村人たちの中に分断が広がっていきます。そこに描き出される、素朴に神を信じて生きようとする人々、この世の権力にすり寄って立ち回ろうとする人々、そしていずれにも立たずに様子見を決め込む中間派の人々。それは当時の社会と教会の縮図であり、また今日の私たちの状況とも重なってきます。

牧師館と教会の執務室を往復するだけの老牧師と、長年の習慣の中で儀礼のようにして礼拝堂に集まり、習俗としての信仰に寄りかかり続けていた信徒たち。そんないわば眠ってしまっていたリンデンコップ村の教会が、新たにやってきた若い牧師グルントの語る説教によって、次第に目覚め始め、立ち上がっていく。そんな姿を読み進めながら、幾度励まされたかわかりません。

やがて村人たちにとって主の日の礼拝は生きたものとなり、冬の夜の聖書研究会でみことばの力に圧倒され、聖餐の結びつきは国家や民族の結束以上のものであることを体験し、ナチの圧政によって教会が閉鎖されるに及んでもなお、「神のことばはつながれてはいない」というみことばが現実の力であることを経験していくのでした。この本の末尾で、逮捕されたグルント牧師からの手紙が読まれます。「神様は今も生きて働いておられるということを伝えて下さい。教会が眠ってしまってなすべき証しを口に出さなかったら教会は迫害にあうこともなく平穏無事に過ごせるだろうけれども、それによって主を裏切ることになるのだ。一方、教会が目を覚ましてみことばを証しするなら、教会の上には嵐が襲いかかり、教会は十字架と苦難を負わなければならない。しかし主は近いのだ」。

二〇一〇年二月から翌年六月にかけて、教会の祈禱会で本書を読みました。毎回数ページを輪読し、その後、B４判一枚のレジュメを配って、短い解説をしながらの読書でした。幾度も読んできて、その内容もほとんど頭に入っているような愛読書であるにもかかわらず、祈禱会での読書経験は非常に新鮮なものでした。一人で読んでいた時とは違う、教会の兄姉方で共に読むからこそわかってくることがたくさんあるように思いました。そしてこの読書経験を通して、私たちの教会もまた目覚めさせられ、立ち上がらせていただくような感覚をおぼえたのです。

一年半かけて読み終えた最終回の時、毎回欠かさずに参加されていた一人の姉妹がこう言ってくれました。「先生がいつも教えてくださっていたのは、こういう教会の姿なのですね」。これは私にとって本当にうれしいことばでした。確かに、私自身、このような牧師になりたい、このような教会でありたいと願ってきた、大切なモデルがそこにはあるのです。

ドイツ告白教会闘争を単純に美化することはできません。多くの研究者が、その意義と共に、限界をも指摘しているように、告白教会の闘いの評価は多面的で、それらを冷静かつ客観的に見つめることは必要なことです。それでもなお強調しておきたいのは、これからの時代に教会が生きていく上で、本書に記されるような教会のあり方、牧師のひたむきな姿勢、信徒たちの素朴な信仰に学ぶことが、必ず大きな励ましと支えになるに違いないということです。

二〇一三年六月に初めてヨーロッパを訪れた際、本書の舞台となったと言われるランシュタット村を訪問する機会がありました。その日は雨風の激しい天候で、「まさに『嵐の中の教会』を訪ねるのにふさわしい」などと言いながら、友人が運転する車で向かった先は、フランクフルトから車で一時間ほど走った、地図にもあまり出てこない小さな村でした。村の入り口の掲示板で教会の場所を捜していると、通りがかった消防士の方が声をかけてくれて、教会の場所を教えてくれました。言われたとおりの道を辿り、坂道を上がっていくと、町役場の背後に、尖塔の先に風見鶏を掲げた教会が建っていました。

帰りに役場をのぞくと、エントランスの片隅に小さな展示ケースがあり、その中に、当時の教会の様子を映した何枚かのモノクロ写真、グルント牧師のモデルと言われるペーター・ブルンナー牧師のポートレートと評伝の本が慎ましく飾られていました。

この片田舎の教会の訪問の経験は、しかし私にとって極めて大きな意味を持ちました。この教会の説教壇から、荒れ狂う時代を透徹した眼差しで見据え、時代を超える神のことばが語られたという事実が強く心に刻まれたのです。その直前に、若き日のカール・バルトが最初に牧師として赴任し、そしてあの『ローマ書』を書き上げたザーフェンヴィルの教会を訪ねたことも、この経験をより強めるものとなりました。

今、私は東京の教会で仕えています。東京も日本における一つのローカルな地域ですが、それでも多くの人、モノ、お金、情報が行き交い、流行がめまぐるしく動く最先端のような場所で、ともすると怒濤のように押し寄せる時代の波に翻弄され、風に吹き回されて、本当に大切なことを見失っていないだろうかと、時に不安になることもあります。

そのような時、みことばによって新しくされていったリンデンコップ村の教会の姿、「私たちはみことばを聴いた」と語った信徒たちの姿は大きな希望です。そして私自身も、どこまでも神のことばに固着して、そのことばに生きる教会を建て上げるために励みたいと、思いを新たにさせられるのです。

4　決断し、告白する教会を目指して

この数年、社会全体が右にスライドし、危うい時代を迎えているという認識のもと、ささやかな取り組みを続けてきました。

以前から、教会と国家の問題、社会や政治の問題を若い人々と共に考え、祈る機会が持てないかと願ってきました。そして時代が急速に動き始める中で、若いキリスト者たちは決して社会や政治に無関心なのでなく、それらについて語られる教会内の固定化した言説や形式への距離感があるのではないかと考えました。そこで大学生たちやキリスト者学生会の主事の方々と相談して、新しいスタイルの集いを持とうということになり、二〇一三年七月二二日、参議院選直後の夜に「希望を告白する夜」という集会を開きました。賛美と祈り、今の時代についての学びとみことばからの説教というスタイルの集会に、高校生、大学生、若い社会人たちが百七十名ほど集まる機会となりました。

この年の一二月一二日は、特定秘密保護法成立直後に「希望を告白する夜2」を開催し、二百二十名の参加者が与えられました。さらに二〇一四年一一月六日には、七月の集団的自衛権行使容認の閣議決定を踏まえ、一二月には特定秘密保護法が施行されることを念頭に、「希望を告白する夜

3」を開催し、ここにも多くの方が集ってくださいました。特に、これまでこのような集いにほとんど出たことのなったような若者たちが集まり、考え始めるきっかけとなった意義深い試みだったと思います。

また、二〇一三年一二月六日に「特定秘密保護法に反対する牧師の会」を立ち上げました。小さな働きではありますが、様々な教団教派から六百名を超える牧師たちが賛同してくださり、安保法制を巡る法案審議の際には衆参両院の特別委員会メンバーに対する議員要請を重ねたり、ブックレットを出版したり、様々な講演会などを開催するなどして、働きを続けてきました。

この間、いろいろな声を聞いてきました。賛同、激励、協力の申し出、数々の問い合わせなどを電話やメール、実際にお会いして、という形で受け取ってきました。たくさんの助けの手が差し伸べられて実現可能になったことも数多くあり、思いがけない出会いを通して、不思議と道が開かれたこともあります。

その一方で忠告や意見、批判や反対、中には誹謗中傷の類いや、明らかに脅迫めいたメールを受け取ったこともありました。一つの態度を表明すれば必ず矢が飛んできますし、黙っていれば受けずに済む批判の声にさらされもします。確実に余計な苦労を背負い込むことになるのです。

けれども、一つの決断として、今、この時代に、教会として、牧師として、声を挙げなければ、主と主の教会の前に自分の召命が問われると思いました。いつも説教壇から語っているみことばと矛盾した生き方はできないと思いました。そしてその決断に生きることを可能とし、それに伴う働きを続けることができているのは、何といっても私がお仕えする徳丸町キリスト教会の愛する兄弟姉妹たちが、これを牧師の務めと理解し、その重荷を共に負っていてくださるからです。

もちろん私は一つの群れの牧師ですので、毎週の礼拝の説教の務めがあり、信徒の訪問があり、看取りがあり、求道者の個人伝道があり、様々な日々の牧会があります。教団の仕事もあります。神学校の仕事もあります。しかしこれらは私にとってそれぞれ別個の働きとは考えていません。すべては羊飼いなる主イエス・キリストのみ声が求める決断であり、その声に応答していく中で導かれている告白的な信仰の現れなのです。

私たちは、キリストに従う者として召され、この地に遣わされて生きています。私たちを招かれるお方の声に応えて生きようとするならば、必ずどこかの地点に立たなければなりません。そこには一つの決断が求められます。中立はあり得ないし、評論家然とした態度に終始することはできません。私たちはまさに当事者として、この世のただ中に遣わされた者として、そこで責任を引き受け、具体的な状況において日毎に決断を繰り返しながら、生きておられる主イエス・キリストへの告白に生きています。教会はまさにこの主への告白に生きる共同体です。その意味で、決断する信仰に立ち、告白する教会として、この困難な時代にあっても精一杯生きる群れとならせていただきたいと願っています。

第十一章　旅する教会

1　小さな説教壇

最初の任地であった西大寺キリスト教会に、ずいぶん年季の入った木製の小さな説教壇がありました。薄い板張りの、表面の木目もかなり擦れて傷がついた華奢な造りで、しばらく教会学校の礼拝などで使っていたものの、次第に出番が少なくなり、ほぼ現役引退に近い状態で教会の集会室の片隅に置かれていました。

ある年末の大掃除の時のことです。数年ぶりにかなり大がかりな片付けをすることになり、ふだんなかなか手をつけられない物入れや倉庫の中身まで引っ張り出して、もう使わなくなった様々な備品類を処分することになりました。最初は主任牧師の傍らで、選別されて廃棄処分となったものを外に運び出していたのですが、そのうちに一人で選別から運び出しをすることになり、黙々と作業を進めているうちに、その部屋の片隅にあった説教壇に目が留まりました。

一瞬躊躇したものの、「もう使っていないし、お役御免でいいだろう」と、両腕で抱きかかえるようにして階段を降り、玄関先から外に出ようとした時です。背後から、「それ、どうするつもり？」と慌てた大声で主任牧師に呼び止められました。「もう使っていないので、処分しようと思いまして」と答えた私は、主任牧師に「捨てるなんてとんでもない。もとの場所に戻しなさい」と一喝され、あわてて引き返すということがありました。

実はこの説教壇、まだ小さな伝道所で自分たちの会堂を持たなかった時代に、毎週のようにあちらこちらと場所を借りて礼拝をおこなっていた頃から、ずっと長い間、用いられてきたものでした。もう天に召されたN長老が、日曜日ごとに自分の自転車の荷台に縄でくくりつけて礼拝場所まで運んで行ったこと、ある時などは礼拝場所がどうしても確保できず、他人の家の軒先を借りて礼拝をささげたこと、そんな教会の苦難の時代をずっと経験し、そこでみことばが取り次がれてきた説教壇だったのです。

今、私がお仕えする教会も、開拓伝道の初期から今に至るまで、礼拝場所の変遷がありました。宣教師たちが最初に伝道の拠点としたのは、簡素なバラック小屋のような建物だったと聞きます。その後、道路の拡張工事のために立ち退きを求められ、まだ小さく、力も弱かった教会は新たな集会場所を求めることができず、約四年間、信徒の方の家で礼拝をささげ続けた時期もありました。そんな中で新しい会堂を願う祈りが積まれ、皆でささげた献金で、今の場所に教会堂が建てられました。少ない予算でやりくりをし、中古の資材を調達し、信徒の方々が直発注で職人さんを手配し、半ば自分たちで建てたような会堂です。当時の資料を整理していると、たくさんの発注書、納品書や領収証の束が出てきて、まさに手作りの会堂建築であったことを実感させられました。

そうやって会堂建築が進んでいく最中、棟上げの直前に当時の牧師が突如として天に召されるという衝撃的な出来事もありました。それでも教会は建て上げられ、今日に至るまでみことばが語られ続け、聴かれ続け、神の国が進み続けている現実を目の当たりにする時、そこに「旅する教会」の姿を見るのです。

2　旅する教会、荒野の集会

「教会」（エクレーシア）の原型は、旧約において荒野を旅したモーセと神の民イスラエルの「集会」（カーハール）にありました。出エジプト記や民数記が記すように、昼は雲の柱、夜は火の柱によって示された主なる神の臨在に導かれて、彼らは旅を続けていきました。

聖書には旅人たちの姿が溢れています。行き先を知らずに生まれ故郷から旅立ったアブラハム、サウル王から逃れて転々と旅を続けたダビデ、遠くバビロンの地へと捕らえ移されていった捕囚の民、主イエスと共に三年余りの日々を旅し続けた十二人、復活の主と歩んだエマオの二人、福音を携えて幾多の波濤を乗り越えて進んだパウロ。聖霊の力を帯び、地の果てにまで復活のキリストの証人として遣わされていった弟子たち、迫害によって散らされながらも、それをむしろキリストの福音を宣べ伝えるチャンスと受け取って、果敢に伝道していった信仰者たち、その他、私たちがその名も知ることのない多くの信仰者たちの歩みを思う時、まさしく神の民の姿は、「旅する教会」であったと言えるでしょう。

聖書にはこのような「旅人たち」と対照的に、「さすらい人」が登場します（創世記4・14）。旅人とさすらい人の違い。それは旅の目的地を見据えているかどうかの違いでしょう。教会の歩みは「地上をさまよい、さすらう者」としての歩みではなく、明確なゴールである「神の国の完成」が見据えられています。この究極の完成を目指して進むのが、荒野の集会、旅する教会の歩みです。

民数記9章15節以下には、神の臨在の雲に導かれる荒野の民イスラエルの姿が次のように描かれています。「幕屋を建てた日、雲は掟の天幕である幕屋を覆った。夕方になると、それは幕屋の上にあって、朝まで燃える火のように見えた。いつもこのようであって、雲は幕屋を覆い、夜は燃える火のように見えた。この雲が天幕を離れて昇ると、それと共にイスラエルの人々は旅立ち、雲が一つの場所にとどまると、そこに宿営した。イスラエルの人々は主の命令によって旅立ち、主の命令によって宿営した。雲が幕屋の上にとどまっている間、彼らは宿営していた。雲が長い日数、幕屋の上にとどまり続けることがあっても、イスラエルの人々は主の言いつけを守り、旅立つことをしなかった。雲が幕屋の上にわずかな日数しかとどまらないこともあったが、そのときも彼らは主の命令によって宿営し、主の命令によって旅立った。雲が夕方から朝までしかとどまらず、朝になって、雲が昇ると、彼らは旅立った。昼であれ、夜であれ、雲が昇れば、彼らは旅立った。二日でも、一か月でも、何日でも、雲が幕屋の上にとどまり続ける間、イスラエルの人々はそこにとどまり、旅立つことをしなかった。そして雲が昇れば、彼らは旅立った。彼らは主の命令によって宿営し、主の命令によって旅立った。彼らはモーセを通してなされた主の命令に従い、主の言いつけを守った」。

聖書の表現は淡々としていますが、自分の身に置き換えて想像してみると、その困難さが伝わってきます。留まり続けたいと思う矢先に雲が上ってしまうこともあったでしょう。すぐにも移動したいと思う時に、一向に雲が動く気配もないというようなこともあったでしょう。落ち着いた生活が始まろうとする矢先に、雲が上ってまた他の土地に旅を続けていくことは、多くの民にとって、殊に年老いた者、病気の者、幼子を抱えた者にとっては困難極まりないものだったに違いありません。「なぜ神は私をこんなところに置かれるのか」、「自分の計画とまるで違う」、「こんな人生を歩むはずではなかった」。こんなことばが次々と浮かんできます。けれども民は雲が上ればすぐさま旅立ち、雲が留まり続けている限りは、一年でも二年でもその地に留まり続けたのです。

教会の営みの中に身を置いていると、自分たちの時と、神の時の尺度がしばしば合わないという経験をさせられます。動き出したと思う時に身動きがとれない。留まりたいと願う時に押し出される。いざこれからという時に力が削がれる出来事が起こる。前を見ても展望が開かれず、後ろを見ても実りが見えない。ただただ荒涼とした荒野の真ん中に立ちすくむような経験をさせられます。それでも、ひたすら神の臨在を仰ぎ見て、雲の柱、火の柱を頼りに、神のことばに聴き続けていくという愚直な積み重ねが、ヘブライ人への手紙11章が言うように、「地上ではよそ者であり、仮住まいの者」（13節）として、「更にまさった故郷、すなわち天の故郷を熱望」（16節）する、旅する教会の生きた歴史の姿なのかも知れません。

3　「別れ」の悲しみを越えて

教会が歩む旅の途上には、多くの別れがあります。神の家族の交わりの中で、愛する者を天に送る経験を重ねるたびに、共に歩んだ日々の記憶がもたらす悲しみや寂しさも積み重なっていくものです。教会は、主イエスのよみがえりのいのちに生かされる群れとして、私たちもまたやがての日、よみがえりの祝福にあずかることを信じ、礼拝に集うたびに、主の晩餐にあずかるたびに、その確信を新たにし、心を高く挙げて歩んでいます。

現実の問題として、愛する仲間を天に送る経験は教会に大きな痛みと喪失を与え、「主よ、なぜですか」という嘆きと共に、立ち止まらざるを得ないようなものです。けれどもそのような別れの経験を繰り返しながら、教会は自らが天のみ国を目指して歩む旅人、寄留者であるという事実を深く教えられていくのではないでしょうか。

私自身がこのことを身をもって教えられた、忘れがたい一つの経験があります。伝道所での奉仕の時代、忠実に礼拝に集う一人の老姉妹がいました。だんだん年を重ねて、足腰が弱る中でも、教会の仲間たちの車の送迎もあって、毎週の礼拝に喜んで集っておられました。ある日の礼拝に出席された時のこと、その方の足元に目がとまりました。真っ白な新しい運動靴を履いて来られたのです。礼拝が終わるとさっそくお声をかけました。「すてきな靴ですね。若々しくて、かっこいいじゃないですか」。すると彼女は「一回でも多く礼拝に来られるように、軽い靴にしたんじゃ」と、少し照れ笑いを浮かべながら、実際にその場に立って足踏みをして見せてくれたのです。

彼女はその後も、毎週の礼拝に励み続けました。白い運動靴姿で、ゆっくりした足取りでいつもの席に座り、喜んでみことばに耳を傾け、大きな声で賛美し、「あんたもからだを大事にしなさいよ」と教会の若者たちに声をかけ、子どもたちの成長を目を細めて喜んでいました。若い駆け出しの伝道者であった私も、どれほど励まされたかわかりません。

そんな彼女も、しばらくして入院し、療養生活に入るようになりました。折に触れて信徒の方々とお見舞いに行くと、帰り際に必ずと言ってよいほど、「あんたたち、礼拝を休まずに行きなさいよ」と繰り返されました。それほどに、彼女にとっては礼拝が喜びであり、生きがいであったことがよく伝わってくることばでした。

それから数年の療養生活の後、地上の生涯を終えて彼女が天に召される時が来ました。小さな開拓教会にとって、群れの仲間を送ることは初めての経験でした。しかも未信者であったご遺族の強い意向もあって教会での葬儀もすることができず、心に様々な思いの残る地上での別れとなりました。すべてが一段落した後に迎えた最初の主日礼拝の朝のことです。「この世と天に分かれ住めど、御民はきよき神にありて、共に交わり、共に待てり、キリスト・イエスの来る日をば」（『聖歌』二〇一番）と賛美しながら、天の窓が開かれていくような感覚をおぼえました。賛美を歌いながら、皆の目には涙が溢れていましたが、しかしそこにあったのは悲しみや寂しさを超えて、この交わりが天とつながっているという一体感でした。

この時から、教会の雰囲気が変わったことをはっきりと感じるようになりました。彼女はもういつもの席にいないのですが、しかし礼拝の雰囲気が変わりました。ことばで表現するには限界がありますが、礼拝の空気、礼拝者の姿勢が上を向くようになった、信仰の背筋が伸びた。そんな姿勢が作られ始めたことを実感したのです。小さな群れの礼拝が、別れの悲しみを超えて、天の礼拝と一つに結びついている事実を経験し、自分たちは天のみ国の聖徒たちと一緒に礼拝しているのだという実感、そしてこの地上を歩みながらも、天のみ国の完成を目指していくのだという覚悟が決まった、そんな旅する教会の歩みが始まった瞬間だったと思います。

愛する者との別れは寂しいものです。神の家族の交わりが深いものであればあるほど、その一人を天に送る経験は、教会に言い知れぬ深い悲しみを刻みます。ささやかな牧師としての経験の中でも、最後に看取った方、葬儀を執りおこなった方のことは忘れることがありません。

病床で自分の罪を悔い改めて、信仰告白をし、洗礼を受けてすぐに召された方、口もきけなくなって、手を握り返して信仰の意思表示をしてくださった方、家族に見守られながら昏睡を続け、元旦の朝に召されていった方、若くして重い病を得て、痩せ細っていくからだで精一杯に主を証ししていった方、思いがけない事故であっという間に天へと移されていった方、深い心の病との闘いの末、神さまとその本人しかわからない世界の中で自ら死を選んでいった方、「何も心配はありません」ときっぱり言い切って、平安のうちに召されていった方。

こうした一人一人の愛する家族を天へと送る経験を繰り返しながら、教会は「地上では旅人、寄留者」であることを身をもって学び取り、天を見上げて進む旅路へと導かれていく。悲しみを背負い、寂しさを抱えながらも、それを超える慰めと希望によって歩んでいく。そこに旅する教会の姿を見るのです。

4　みことばのもとに招かれ、みことばによって遣わされ

神の国の完成を目指して旅する教会は、その歩みを通して歴史を刻んでいきます。神の民の歩みそのものが、創造から終末に向かって進む神の大いなる救いの歴史ですが、その大いなる歴史の中に、それぞれの群れの紡ぎ出す一つ一つのかけがない歴史の形成があるのです。

徳丸町キリスト教会が四十周年を迎えた時、記念誌を編纂することになりました。そこで私はこの教会がこれまでの歩みの中で、どのようにみことばに聴いてきたのかを振り返ってみようと思い、過去の週報を一枚一枚めくりながら、歴代の牧師たちが説いてきた説教の聖書箇所をリストアップしてみました。私は初代の牧師から数えて十一代目の牧師です。四十年で牧師が十一人交代するというのは頻度としてかなり多いことだと思います。新たな使命を帯びて次の働きに遣わされた方、すでに触れたように突然の病に倒れて召された方、国外宣教師として派遣された方、他教会の要請に応えて行った方、さらなる研鑽を積むために留学した方、教会との関係が難しくなってわずか一年や数年で辞された方など、それぞれの事情があり、その都度、教会もまた納得して送り出していったという経緯はあるものの、それでもやはり、その都度の経験が教会に様々な影響を与えていったことも事実です。

私が牧師として迎えられることになった時、一人の役員がこんなことを言いました。「先生、この教会は牧師の交代が多いからということで、牧師を追い出す教会だ、なんて噂されることがあるのですが、そんなことはないんです。そんなふうに思わないでください」。それで私はこう応じました。「もちろんです。そんな心配なさらないでください」。実際には赴任直後に地域の牧師会に出席した際、近隣の牧師の一人が近寄ってきて、「朝岡先生、あの教会は大変だよ。ご苦労さま」と意味深に耳打ちされたことがありました。

それで自分なりに決めたことは、余計な先入観や予断を持たないようにしよう、ありのままの教会の姿を見つめよう、ということでした。前任牧師の辞任後、半年の無牧の時を経ての赴任でしたので、いわゆる「引き継ぎ」のような作業が一切無かったのも、私にとっては幸いでした。「とにかく説教壇に立って、そこから一人一人の姿を見つめよう。そこからすべてを始めよう」と決心し、みことばの奉仕を始めたのです。

奉仕を始めてすぐにわかってきたのは、この教会は、ひたすらみことばに結びついてきた群れだという事実でした。人につながって、人との結びつきで教会に生きているのではない。〇〇先生が好きとか、〇〇牧師は嫌いとか、そのような次元で教会に生きているのではない。神のみことばの取り次ぎ手は交代し、変化していっても、変わることのない神のことばに聴き続けていこう、そうやって生きてきた群れだということが伝わってきたのです。

確かに、牧師交代のたびに別れの寂しさや落胆、あるいは牧師辞任を巡っての様々な痛みを経験しなかったわけではありません。そのような中で群れを去って行った人々もありました。けれども、そのような幾多の荒波を越え、旅路を進む中で、教会は大切な一つの事実のもとに集められていったのだと思います。みことばのもとに招かれ、みことばによって遣わされ、そうやって旅する教会は生きていくという事実です。

5　小さな群れよ、恐れるな

そのように考えてみると、あらためて毎週の主日の礼拝の持つ意味の重さ、その価値の尊さが迫ってきます。今日、ここで、この愛する人々と一緒に神のみ前に出ているという事実のかけがえのなさを思うのです。教会は、み国を目指して一緒に旅をする仲間たちです。天から与えられる日毎のマナに養われ、天の故郷を目指して、老いた者も、若い者も、強い者も、弱い者も、誰も遅れることなく、誰も先んじることなく、誰も置いていかれることなく、誰も見捨てられることなく、共にみ国に向かって旅を続けるのです。

教会の日常には、それほどドラマチックな出来事が起こるわけではありません。東京の教会にいると、それなりに人の動きはありますが、かつて地方の教会で奉仕していた時を思うと、こんなことは考えられないことでした。もちろん一所懸命に伝道していましたが、新しい人が礼拝に訪れることはめったになく、言いようのない徒労感にさいなまれることがしばしばでした。むしろ若者たちを都会に送り出す一方の、小さな教会の礼拝に奉仕しながら、いつの間にか自分の心も凝り固まっていき、喜びや感動、感謝が失われていったことを思い出すのです。

しかし、神の国の完成を目指して地上の教会の姿を見つめる時、たとえそれがいつもの教会の、いつもの顔触れでささげる、いつもの礼拝であったとしても、神の国の進展の歴史のおける一回的で決定的な「今」、この時に呼び集められた新しいかけがえのない一人一人であり、また神の国の完成に向かって「なるであろう」可能性を秘めた宝のような神の子どもたちの姿なのだと気づかされるのです。

ルカによる福音書12章32節で主イエスはこう言われました。「小さな群れよ、恐れるな。あなたがたの父は喜んで神の国をくださる」。

今も日本全国津々浦々で、神の国の進展の最先端に立って、旅を続けている教会があります。過疎化の進む小さな農村や漁村で、時代の嵐が吹き荒れる都会で、震災の傷跡の残る東北の各地で、戦争の痛みを担い続ける沖縄で、教会はなお前を向いてその歩みを続けています。

小さな小さな日本の教会です。こうして立っているのが不思議と思えるような存在です。それでも礼拝の灯を消すことなく、三人、二人、一人になっても礼拝を守り続けてきた群れがあります。

経済性、効率性、対費用効果などといった社会の尺度で測れば、教会がなお存在しているという事実は、この時代にあって奇跡のようなものかも知れません。

しかし、そんな一つ一つの教会の存在が、実は神の国の完成に向かう大切な一里塚であり、橋頭堡としての大切な意味を帯びていると知らされる時、私たちは諦めや徒労感の中から立ち上がる勇気を与えられるのです。カトリックの新約学者R・シュナッケンブルクは『新約聖書の教会』（石沢幸子訳、南窓社、一九七二年）の中で、こう言っています。「教会は全体として、完成、勝利、将来の至福に到達することは確実である。けれども地上特有の悩み、苦しみ、試みはまだ取り除かれてはいない。教会は約束の地の戸口に立っている。そして信仰をもって将来の栄光を眺め、特に礼拝の時その栄光のいくらかをすでに先験している。しかし教会はまずその地上の旅を最後まで歩み、道中の苦しみに耐えていかねばならないのである」。

確かに教会は今も匍匐前進するように前へと進んでいます。人の目には後退、減少、弱体化としか映らないとしても、それでもなお神の国は前へと進んでいるのです。

伝道者たちの戦いも続きます。大きく口を開けて人々を呑み込もうとする闇の力に身を震わせながら、イエス・キリストにこそ救いがあると信じて、ひたすら福音を語り続けています。少しでも気を抜けば、あっという間に闇に呑み込まれるような熾烈な戦いの現実がそこにあります。それでもなお、神の国の完成に向けて、神の民の旅路は進んでいるのです。

ちょうどそれは、ボールを後ろに回しながら前に向かうラグビーのようなものです。ボールは思うようには転がらないし、前には投げられません。タックルを受ければ倒されますし、倒れれば敵が折り重なってつぶされます。けれどもそれをまた次の選手が拾い上げ、受け取って再び走り出し、そうやってボールを後ろに回しながら、全体として前へ前へとトライを目指して進んでいくのです。

地上を旅する教会の歩みもそのようなものと言えるのではないでしょうか。様々な宣教の困難に直面し、倒され、つぶされ、奪われ、前に進んでいるのか、後ずさりしているのかわからなくなるような時がある。けれども確実にボールは手から手へと受け渡され、全体としては神の国の完成に向かって、前に進んでいる。後退しながら前へ。これが教会の姿なのではないでしょうか。

6　今ここから、始めよう

米国の神学者S・ハワーワスとW・H・ウィリモンは、その著書『旅する神の民』（東方敬信・伊藤悟訳、教文館、一九九九年）において、旅する教会の姿を「キリストのように生きてキリストのように死んでいく旅路であり、またキリストの心を心としてキリストにならう生き方をかたち作って実を結んでいく旅路である」と言っています。

教会はその旅路を進んでいくにあたって、この地上と何の交渉も持たず、ただその地を「過ぎゆくもの」とだけとするわけではありません。「地の塩、世の光」として、神の民の姿、神の国の姿を映し出しながら生きる、一つのモデルとしての役割が与えられています。

社会の中に様々な分断の壁が立ち上がり、疑心暗鬼の溝が深まり、民族が民族に、国が国に対して立ち上がり、人々の愛が冷える終末の時代のただ中を、私たちの旅は続いています。旅する教会は、このような社会の現実を「終わりの印」と横目で眺めるだけで、顔を背け、見て見ぬふりをして、道の反対側を通り過ぎ、自分たちだけが安全地帯に逃げ込むようにして足早に通り過ぎるような歩みには召されていません。

むしろ旅する教会には、その地に身を置き、そのただ中にしっかりと足を着けて、そこで神の国の新しい文化、新しい価値観、新しい生き方を示していく倫理的な責任が与えられています。神に愛された民として、互いに愛し愛される喜びを体現し、神に赦された者として、互いに赦し合う交わりを体現し、神に受け入れられた民として、誰もが排除されず、差別されず、受け入れられることのできる豊かな交わりの姿を体現するように召されています。「目には目、歯には歯」、「剣には剣」、「平和よりも安全」、「抑止力による平和」、「やられる前にやり返せ」、「〇〇ファースト」、「〇〇優先」という価値観に対して、争わなくても、憎まなくても、恐れなくても、後回しになっても、それでもなお豊かに、自由に、喜びを持って、希望を持って生きられる可能性を示す、そんな旅路に私たちは召されているのです。

簡単な道のりではありません。平坦な道でもありません。それでも私たちは確かに旅路の一歩を歩み始めています。出エジプトの四十年の荒野の旅路を進んできたイスラエルの民が、いよいよ約束の地を目前に濁流のヨルダン川の川辺に立った時、主なる神は、契約の箱を先頭にして川を渡るように命じられました。祭司たちの足がその水ぎわに浸った時、川はせき止められ、民が川を渡っていったとヨシュア記3章は記します。

神の臨在が民の先頭を行く。礼拝から神の民の旅路の道は開かれていく。それは神の国の姿を先取りして示していく一つの大きな挑戦であり、また勇気を持って一歩を踏み出してこそ経験できる一つの大きな冒険でもあります。「百里の道も一足から」、小さな一歩であっても、天を仰ぎ、聖霊に励まされ、希望を抱いて、「今、ここから」歩みを続けていきたいと願うのです。

7　杖一本を持って

教会は主イエスの権威を身に帯び、み国の福音を宣べ伝えながらその旅路を進んでいきます。弟子たちを通して神の国の祝福が告げ知らされていくのです。

主イエスはかつて弟子たちを福音宣教の旅に派遣されるにあたり、持ち物リストを示されました。マルコによる福音書6章8節、9節にこう記されます。「旅には杖一本のほか何も持たず、パンも、袋も、また帯の中に金も持たず、ただ履物は履くように、そして『下着は二枚着てはならない』と命じられた」。

彼らに託された任務の大きさ、使命の尊さを知れば知るほど、実際に派遣されていくにあたっての持ち物リストがたったこれだけとは、いかにも貧しく、乏しく、不十分という印象を受けます。

しかしここには、旅する教会への大きな励ましがあります。杖一本だけを持っていけと言われる主イエスは、その命令をもって私たちに、大事な信仰の原則を示してくださっているのです。それはまったく単純なことです。すなわち、主イエス・キリストを信じて生きる。主イエス・キリストを疑わずに生きるということです。

天のみ国の完成に向かう旅への出発は、すべて準備万端整って、完璧に荷造りができて、あらゆる事態が想定できて、どんな状況にも対処できる、そういう万全な備えをし、いつ何時、何が起こっても対処できるようにすべての危険を想定し、それがすべて揃うまでは一歩も動き出せないというものではない。主イエスが遣わされるという、ただその一点に支えられての旅立ちです。主イエスの真実を疑わず、主イエスのみ手に信頼し、主イエスが行けと言われるタイミングで一歩を踏み出していく。その踏み出したところからまた次なる新たな道が開かれていく。そういう主イエスに信頼してこそ味わうことのできる経験の中へと進んでいく私たちでありたいと願うのです。

しかし、主イエスは私たちが一人でこの道を歩むようにとは言われない。私たちが恐れやすく、心細くなり、孤独になりやすい弱い存在であることをご承知です。それで主は十二弟子を呼び、二人ずつ遣わし始め、彼らに汚れた霊を追い出す権威をお与えになったのでしょう。

私は東日本大震災の支援の働きに携わることを通して、日本の教会が、教団や教派の違いを超えて、共に旅する仲間となったことを経験しました。神の国の前進のためなら喜んで隣人の重荷を背負う。目の前で助けを求める人がいたら駆けつけて介抱する。自分のことは後回しにしても、多少の自腹を切ってでも、喜んで互いの重荷を担い合う。あの二〇一一年三月の震災直後、被災地のためにと全国の諸教会から送られてきた支援物資で仙台郊外の物資拠点が埋め尽くされた光景を、日本中、世界中の教団、教派から続々と駆けつけてきた人々が、皆、泥だらけのカッパと長靴姿で一同に会して熱く祈り合い、またそれからそれぞれの持ち場へと散っていった東北ヘルプの全体会での光景を、今も忘れることができません。

主イエスは私たちが共にみ国のために働くようにと仲間を備えてくださいます。励まし、支え、交わり、労いが必要なことをご存知で、重荷を一緒に担い、労苦を共に背負い、時には交代で休んでいいと、すべて肩代わりしてくれる交わりを与えてくださる。そのための二人一組ではないか、と言ってくださるのです。私たちが神の国に生きる現実も、それは決して孤独の道、孤高の現実ではありません。それはむしろ、私たちが共に建て上げる現実であり、互いに愛し合う現実であり、互いに仕え合う現実です。それをもって旅する教会は、すでに始まり、やがて完成する神の国の姿を映し出して生きるように今日も導かれているのではないでしょうか。

主イエスは愛する弟子たちを遣わすにあたって「杖一本だけ持っていけ。後は置いていけ」と命じられます。杖だけ持っていったところで、それが何になるかと私たちは考えます。しかし「杖一本のほかは、何も持っていくな」と言われる主イエスは、それをもって私たちにチャレンジを与えておられます。杖一本であっても、何も恐れず、ひるまず歩むことができる。それが旅する教会の生き様ではないかと。それを支えるのは、主イエス・キリストご自身が私たちと共にこの旅路を歩まれるという事実です。主イエスが私たちと共に行ってくださる。だから心配せず、恐れず、疑うことなく、この主イエスに従って、ほぼ丸腰で、ただ荒削りの杖一本をもって主イエスに従う歩みへと歩み出していくのです。

素朴な信仰です。しかしとても大切な信仰の原点です。私は自分が恐れに囚われる時、いつも口ずさむ賛美があります。こういう時に思い起こすのは決まって子どもの頃に歌った「主われを愛す」や、『聖歌』六五五番の「主がついていれば、こわくはないと、聖書の中に書いてあります」という賛美です。

二人の弟子が行く道には、必ず主イエスが伴ってくださる。弟子たちに「わたしはあなたと共にいる」と言われる主は、私たちにもまた「わたしはあなたと共に行く」と言ってくださる主である。聖霊においてキリストと私たちは分かちがたく結び合わされ、またキリストにあって私たちもまた互いに堅く結び合わされている。そしてその結びつきの中でこそ、杖一本を手に、天のみ国を目指す教会の旅路はなお続いていくのです。

終章　教会に生きる喜び

1　教会に生きる喜び、教会のための苦しみ

「教会に生きる喜び」と題して、これまで教会の姿を様々に描いてきました。時には主観的すぎるかと思うほどに、私自身が生きてきた教会、生きている教会、生かされている教会の姿を、できる限りありのままに見つめて、そこでの経験から書き連ねてきました。そこにどれほどの普遍性があるか、ここに至ってなお、自問する心があります。

それでも、主イエス・キリストのからだに連なる教会の肢々として生きているゆえに、そこに共有していただけるものが確かにあるはずと信じています。長く教会に生きている方も、まだそれほど時間が経っていない方も、今まさに教会の扉をくぐったばかりという方も、それぞれの仕方で教会に生きる喜びを味わっておられるのだろうと思います。

しかしそのような人がいる傍らで、教会に傷つき、教会に疲れ果て、教会に躓いて、教会から離

れてしまっている人もいます。特に牧師の不祥事や問題によって教会の混乱を経験したり、カルト化した教会によって傷を受けた方など、教会に生きる喜びとはほど遠い心持ちを抱いている方々のことを思うと、教会に生きる者の一人として、心を痛めると共に、まことに申し訳なく思います。自分自身も牧師として歩んでくる中で、傷つけたり、悲しませたり、躓かせたりした方々があったことを思うと、心からお詫びしなければならないと思います。

その上で、それでもやっぱり教会に帰ってきてください、と申し上げたいと思います。共に教会に生きる喜びをもう一度味わっていただきたいと思うのです。ヘブライ人への手紙10章25節が招いているように。「ある人たちの習慣に倣って集会を怠ったりせず、むしろ励まし合いましょう。かの日が近づいているのをあなたがたは知っているのですから、ますます励まし合おうではありませんか」。

「教会に生きる喜び」は、現実の中で味わう実感からすれば「教会のための苦しみ」に近いかも知れません。教会のためにどうしてこんな労苦を担わなければならないのかと思うことがあるかも知れません。愛を説く教会の中でどうしてこんな対立やいがみ合いが起こるのかと落胆することもあるでしょう。事実、教会を建て上げていく営みには、多くの労苦と忍耐、涙と祈り、犠牲と献身が積み重ねられています。

「教会に生きる喜び」ということを考える時に、いつも心に浮かぶみことばがあります。コロサイの信徒への手紙1章24節です。「今やわたしは、あなたがたのために苦しむことを喜びとし、キリストの体である教会のために、キリストの苦しみの欠けたところを身をもって満たしています」。

ここには「苦しみ」と「喜び」が共存しています。教会のための苦しみが、教会に生きる喜びと分かちがたく結び合わされているのです。こういうみことばは、いくら繰り返し読んでみても、頭だけではわからない、しかし教会の中に身を置いてみればすぐにわかる。そのような経験的なものだと思います。

教会で毎月一度、日曜日の午後に役員会が開かれます。教会の伝道、教育、礼拝、総務、奉仕、財務などに関わる様々なテーマが話し合われ、決められていきます。しかし一番時間を費やすのは教会の仲間たち、家族たちの魂に対する配慮に関わることです。一人の人が苦しんでいる、痛んでいる、問題を抱え込んでいる。その一人をどのようにして慰め、励まし、神のみ前に立つことができるよう支えるか。多くの時間を費やし、主の導きを祈り求めます。時には時間が足らず、水曜日の祈禱会の後や土曜日の夜に、臨時の会議を招集することもあります。ある時は年末年始を挟んで、毎晩のように臨時役員会が開かれるようなこともありました。

役員の兄姉方も皆さんそれぞれ社会で責任ある働きを担う人々です。残業もあり、夜勤もあり、子育てもあり、親の介護もあり、いつ呼び出しがあるかわからない仕事に就く方もあります。けれどもそういう役員の一人一人が、神の家族の一人が躓きそうになっている、キリストのからだの一部が傷んでいると知った時、ある人は仕事帰りに、ある人は家の用事を済ませて、ある人はこれから夜勤に入ろうかという時に、教会に集まってくる。そして一人の魂のために皆がひたすらに主の導きを求めて話し合う。

牧師としてこのような役員会の中に身を置く時、「わたしは、あなたがたのために受ける苦しみを喜びとし」ている、「キリストの体である教会のために、キリストの苦しみの欠けたところを身をもって満たし」ているという使徒パウロのことばが、まさにこの人々によって担われている。この事実が、この上ないリアリティーを持って迫ってくるのです。

2　教会に対する気苦労

確かに教会に生きる喜びは、キリストのための苦しみと結びついています。使徒パウロがコリントの信徒への手紙二11章22節から30節で次のように語るとおりです。「彼らはヘブライ人なのか。わたしもそうです。イスラエル人なのか。わたしもそうです。アブラハムの子孫なのか。わたしもそうです。キリストに仕える者なのか。気が変になったように言いますが、わたしは彼ら以上にそうなのです。苦労したことはずっと多く、投獄されたこともずっと多く、鞭打たれたことは比較できないほど多く、死ぬような目に遭ったことも度々でした。ユダヤ人から四十に一つ足りない鞭を受けたことが五度。鞭で打たれたことが三度、石を投げつけられたことが一度、難船したことが三度。一昼夜海上に漂ったこともありました。しばしば旅をし、川の難、盗賊の難、同胞からの難、異邦人からの難、町での難、荒れ野での難、海上の難、偽の兄弟たちからの難に遭い、苦労し、骨折って、しばしば眠らずに過ごし、飢え渇き、しばしば食べずにおり、寒さに凍え、裸でいたこともありました。このほかにもまだあるが、その上に、日々わたしに迫るやっかい事、あらゆる教会についての心配事があります。だれかが弱っているなら、わたしは弱らないでいられるでしょうか。だれかがつまずくなら、わたしが心を燃やさないでいられるでしょうか。誇る必要があるなら、わたしの弱さにかかわる事柄を誇りましょう」。

フランシスコ会訳聖書は、28節を次のように訳しています。「これに加えていろいろなことがあったうえに、日々わたしに降りかかる心配事、あらゆる地方の教会に対する気苦労があります」。パウロが自分の身に降りかかった想像を絶するほどの幾多の患難、迫害、試練以上に「日々わたしに降りかかる心配事」として心にかけているのは、抽象的なものでない、具体的で現実的な、あの町、この村にあり、あの方、この方という一人一人が生きている「あらゆる地方の教会」だというのです。

まさにこのような肌感覚のところで「教会に対する気苦労」を味わってこそ知る、教会に生きる喜びがあることを、ぜひ味わいたいと思います。牧師として教会に仕えていると、いろいろな出来事が起こります。夜中の電話で信徒の家に駆けつける。ご近所トラブルの仲裁に入る。事情を抱えた人をしばらく教会に住まわせる。自殺を試みた人が助けを求めてやってくる。やっと食卓に着いたかと思う矢先に相談の電話がかかってくる。休暇に向かった先で訃報が入ってすぐに引き返してくる。時には「雨が降ってきたので洗濯物を取り込んでほしい」という、冗談のような依頼を受けたこともありました。

これらをもって「牧師の労働環境を見直してほしい」とか「待遇改善を！」と求める声があることも知っています。きちんとした働き方に対する配慮や約束事が必要ということもあるでしょう。何でも牧師や一部の役員にお任せ、という風潮があるならば変えていく余地もあると思います。それらのことを踏まえた上で、それでもなお、教会に生きる喜びはこのような労苦の中にもあるものだ、ということもおぼえておきたいと思うのです。クレネ人シモンのように背負ってみなければわからない十字架の重みがあり、従ってみなければわからない十字架への道があり、しかしそこでこそ知る十字架の恵みもまたあるのだと思います。

3　あなたがたが主にしっかりと結ばれているなら

教会に生きる喜び。労苦もあり、忍耐もあり、困難もあり、犠牲もある中で、それでもなお味わうことのできる喜び。それを知ることができたらどれほどの喜びでしょうか。

最後に使徒パウロが語ったテサロニケの信徒への手紙一3章8節、9節のみことばに聴きたいと思います。「あなたがたが主にしっかりと結ばれているなら、今、わたしたちは生きていると言えるからです。わたしたちは、神の御前で、あなたがたのことで喜びにあふれています。この大きな喜びに対して、どのような感謝を神にささげたらよいでしょうか」。

教会に生きる喜び、教会に生きる生きがい、それは「あなたがたが主にしっかりと結ばれている」、「あなたがたが主にあって堅く立っている」（新改訳聖書）という、その現実からもたらされるものだというのです。一人の人が人生の闇の中からイエス・キリストとの出会いに導かれ、救いにあずかって神の子どもとされ、自由と喜びに生かされるようになり、主にあって堅く立って生きる者となる。この一人一人が集められたのが教会です。喜びの中で生まれた人々の集まり。喜びの中で立ち続ける人々の集まり。喜びの完成に向かって歩み続ける人々の集まり。それが教会の姿です。

4　教会に生きる喜び

キリストにある喜びの中で礼拝をささげ、みことばを聴き、洗礼にあずかり、主の食卓を囲み、福音を宣べ伝え、キリストのからだを建て、互いに仕え合い、嵐の中を進み、神の国の完成を目指して旅を続けていく。それが教会に生きる喜びの経験そのものです。

私もそのようにして主イエス・キリストに出会い、教会に生きるものの一人とされました。あなたもまた主イエス・キリストが出会いたいと願い、主イエス・キリストが共に生きようと招いておられる大切な一人です。

次の日曜日の朝、いつもの通い慣れた道を通って集まってくる神の家族たちがいます。緊張した面持ちで、初めて教会の扉を開ける方があるかも知れません。少し疲れをおぼえながら、それでもみことばを慕ってやってくる方がいます。皆に付き添われ、抱きかかえられるようにして席に着く老いた方がいます。小さな子どもたちを両脇に抱きかかえるようにして席に着く若い家族がいます。居眠りするとわかっていても、それでもとにかくここにいる中学生、高校生がいます。点字の聖書を大切に指で追う方がいます。つい最近愛する家族を天に送った方もいます。仕事が終わらず、駆け込むようにして礼拝に来て、また飛び出していく働き盛りの世代の方もいます。生きることに苦しみ、もがくようにして日々を送る方もいます。毎日死ぬことばかりを考えているような絶望の縁から、なんとか救いを求めて礼拝に集ってくる若者もいます。教会の玄関の前でためらっている人もいます。教会の外で耳をそばだてている人もいます。教会から足が遠ざかったまま、帰るに帰れないままになっている人もいます。

主イエス・キリストは私たちを捜し求め、見つけ出し、招き入れ、迎え入れてくださいます。これらの人々はみな、誰もが父なる神に愛され、み子イエス・キリストのいのちに生かされ、聖霊の励ましと慰めの中で生かされている大切な一人一人です。主イエス・キリストが、その名を呼んで招かれた、かけがえのない一人一人です。この一人が欠けてもキリストのからだは立ち上がることができません。かしらなるキリストに結び合わされたあなたが教会であり、私が教会なのです。

この教会に生きる喜びを、ぜひ味わっていただきたい。そして味わい続けていただきたいと願っています。キリストのからだなる教会の中で、かしらなるキリストとの結びつきの中で、私たちの真ん中におられるキリストがくださる喜びを、共に喜び合いながら、神の国の完成へと向かっていく。その旅路を共に歩んでまいりましょう。

「二人または三人がわたしの名によって集まるところには、わたしもその中にいるのである」

さらなる読書のために

石居正己『教会とはだれか——ルターにおける教会』（リトン、二〇〇五年）。

石田順朗『牧会者ルター』（聖文舎、一九七六年）。

市川康則『改革派教義学6　教会論』（一麦出版社、二〇一四年）。

井ノ川勝『信仰生活の手引き　教会』（日本キリスト教団出版局、二〇一二年）。

上田光正『信徒のための教会論入門』（日本伝道出版、一九九八年）。

小野静雄『日本プロテスタント教会史　上下』（聖恵授産所出版部、一九八六年）。

加藤常昭『鎌倉雪ノ下教会　教会生活の手引き』（教文館、一九九四年）。

加藤常昭『加藤常昭信仰講話5　教会』（教文館、二〇〇〇年）。

加藤常昭『慰めのコイノーニア——牧師と信徒が共に学ぶ牧会学』（日本キリスト教団出版局、二〇一二年）。

メダルド・ケール『今に生きる教会——カトリックの教会論』中野正勝訳（サンパウロ、二〇一三年）。

佐藤司郎『カール・バルトの教会論』（新教出版社、二〇一五年）。

関川泰寛『聖霊と教会――実践的教会形成論』（教文館、二〇〇一年）。

辻宣道『教会生活の処方箋』（日本基督教団出版局、一九八一年）。

ヴィルヘルム・ニーゼル『教会の改革と形成』渡辺信夫訳（新教出版社、一九七〇年）。

芳賀力『大いなる物語の始まり』（教文館、二〇〇一年）。

芳賀力『使徒的共同体――美徳なき時代に』（教文館、二〇〇四年）。

久野牧『教会生活の道案内』（一麦出版社、二〇〇九年）。

オットー・ブルーダー『嵐の中の教会――ヒトラーと戦った教会の物語』森平太訳（新教出版社、一九六〇年）。

クリスティアン・メラー『慰めの共同体・教会――説教・牧会・教会形成』加藤常昭訳（教文館、二〇〇〇年）。

クリスティアン・メラー『慰めのほとりの教会』加藤常昭訳（教文館、二〇〇六年）。

ジョン・ハワード・ヨーダー『社会を動かす礼拝共同体』矢口以文・矢口洋生・西岡義行訳（東京ミッション研究所、二〇〇二年）。

渡辺信夫『教会論入門』（新教出版社、一九六三年）。

渡辺信夫『教会が教会であるために――教会論再考』（新教出版社、一九九二年）。

渡辺信夫『今、教会を考える――教会の本質と罪責のはざまで』（新教出版社、一九九七年）。

渡辺信夫『増補改訂版　カルヴァンの教会論』（一麦出版社、二〇〇九年）。

あとがき

高校卒業間際の十八歳の春、渡辺信夫先生の『教会論入門』（新教出版社、一九六二年）を手にしました。一週間ほどかかって読み進め、いよいよ読了するという時、末尾にあった一文がずしりと心に残りました。

「わたしたちの『教会論入門』のすわって論じておれる部分はここで終わります」

これが、私にとって教会を神学的に考える始まりとなりました。それから三十年が過ぎ、今、ここに教会についての書物を書き終えて、主への感謝と共に、自分の教会に対する姿勢はどうであったかと問われています。

あの末尾の言葉と出会って以来、これまで教会に生きてきた日々から教えられたことを、できる限りありのままに記しました。数々の失敗もあり、反省もあり、悔い改めるべきことも多々ありますが、それでも「教会に生きる喜び」は、私自身の何よりの実感です。本書を手にしてくださる方とこの喜びを分かち合えるならば、それにまさる喜びはありません。

本書は、有志の牧師、超教派団体スタッフ、編集者で毎月一回行っている「お茶の水神学研究会」（飯田岳、大嶋重德、岡田義和、奥山信、坂井孝宏、佐野泰道、髙木誠一、中谷献一、平林知河、山崎龍一、山村諭、他）の交わりから生まれました。二〇一五年六月から二〇一八年二月まで、ほぼ毎月一回の研究会において草稿を発表する機会を与えてくださり、それに対する有益で率直で熱い批評と議論を重ねてくださいました。特に大嶋重德・裕香夫妻は、最終原稿を読み、行き届いたチェックをしてくださいました。

この二年あまりの日々は、私にとって教会の学としての神学的思考を鍛えられた、まことに得がたい経験でした。日々の奉仕の中で原稿を書き進めることは決して容易なことではありませんでしたが、忙しい働きの合間を縫って集まり、考え、悩み、言葉を紡ぎ出す作業を共にしてくださった交わりを思うとき、本書は教会的な交わりの中で作り上げられた共同の著作であると思っています。その意味でも、研究会の皆さんの友情と愛に感謝いたします。

また、教会に仕える労苦と光栄を教えてくださった赤江弘之先生（日本同盟基督教団西大寺キリスト教会主任牧師）、教会に仕える神学を徹底して教えてくださり、「教会論を書きなさい」と最初のきっかけを与え、その後も拙い学びを励まし続けてくださっている牧田吉和先生（元神戸改革派神学校校長、日本基督改革派宿毛教会牧師）に、この場をお借りして特別の感謝を申し上げます。

最後に、教会に生きる喜びを日々、一緒に経験している、愛する徳丸町キリスト教会の兄弟姉妹と、妻真樹子、満、みくに、識の三人の子どもたちに感謝します。

共に教会に仕える仲間でもある教文館の髙木誠一さんに大変お世話になりました。企画段階から編集、校正、完成に至るまで、いつも心を尽くして伴走してくださいました。

本書は、私にとっての最初の牧師であり、教会に生きる生を授けてくれた両親、朝岡茂（故人）・満喜子に献げます。

教会のかしらなる主に栄光がありますように。

二〇一八年一〇月　宗教改革五百一年の月に

朝　岡　　勝

《著者紹介》
朝岡 勝（あさおか・まさる）
1968年生まれ。東京基督教短期大学、神戸改革派神学校卒業。日本同盟基督教団西大寺キリスト教会、東岡山キリスト教会、徳丸町キリスト教会牧師を歴任。現在、東京キリスト教学園理事長・学園長、日本同盟基督教団市原平安教会牧師、同教団理事長。
著書『大いに喜んで――ヨハネの手紙第二、第三講解説教』、『聞き書き　加藤常昭――説教・伝道・戦後をめぐって』（共著）、『香港の民主化運動と信教の自由』（共著）、『夜明けを共に待ちながら――香港への祈り』（共編著）（以上、教文館）、『〈あの日〉以後を生きる――走りつつ、悩みつつ、祈りつつ』、『ニカイア信条を読む――信じ、告白し、待ち望む』、『ハイデルベルク信仰問答を読む――キリストのものとされて生きる』、『増補改訂「バルメン宣言」を読む』、『剣を鋤に、槍を鎌に――キリスト者として憲法を考える』、『喜びの知らせ――説教による教理入門』、『光を仰いで――クリスマスを待ち望む25のメッセージ』（以上、いのちのことば社）ほか多数。

教会に生きる喜び――牧師と信徒のための教会論入門

2018年12月25日　初版発行
2023年9月10日　4版発行

著　者　朝岡　勝
発行者　渡部　満
発行所　株式会社　教文館
〒104-0061 東京都中央区銀座4-5-1 電話 03(3561)5549 FAX 03(5250)5107
URL http://www.kyobunkwan.co.jp/publishing/
印刷所　モリモト印刷株式会社

配給元　日キ販　〒162-0814　東京都新宿区新小川町9-1
電話 03(3260)5670　FAX 03(3260)5637

ISBN978-4-7642-6140-2　Printed in Japan